山西全方位推动高质量发展面对面
通俗理论读物系列丛书

# 双碳引领
# 绿色发展

中共山西省委宣传部 编

山西出版传媒集团 山西人民出版社

**图书在版编目（CIP）数据**

双碳引领　绿色发展 / 中共山西省委宣传部编. —太原：山西人民出版社，2022.8

（山西全方位推动高质量发展面对面通俗理论读物系列丛书）

ISBN 978-7-203-12339-2

Ⅰ. ①双… Ⅱ. ①中… Ⅲ. ①绿色经济－区域经济发展－研究－山西 Ⅳ. ①F127.25

中国版本图书馆CIP数据核字（2022）第122006号

**双碳引领　绿色发展**

编　　者：中共山西省委宣传部
责任编辑：郭向南
复　　审：吕绘元
终　　审：武　静
装帧设计：张镤尹

出 版 者：山西出版传媒集团·山西人民出版社
地　　址：太原市建设南路21号
邮　　编：030012
发行营销：0351—4922220　4955996　4956039　4922127（传真）
天猫官网：https://sxrmcbs.tmall.com　电话：0351—4922159
E-mail：sxskcb@163.com　发行部
　　　　sxskcb@126.com　总编室
网　　址：www.sxskcb.com

经 销 者：山西出版传媒集团·山西人民出版社
承 印 厂：山西出版传媒集团·山西人民印刷有限责任公司

开　　本：720mm × 1020mm　1/16
印　　张：11
字　　数：170千字
版　　次：2022年8月　第1版
印　　次：2022年8月　第1次印刷
书　　号：ISBN 978-7-203-12339-2
定　　价：49.00元

山西全方位推动高质量发展面对面

通俗理论读物系列丛书

编委会

# 序 言

今年春节前夕，习近平总书记五年来第三次亲临山西考察指导，带来了党中央对老区人民的深切关怀，体现了党中央对山西工作的坚定支持。特别是习近平总书记勉励我们“在高质量发展上不断取得新突破”，“续写山西践行新时代中国特色社会主义新篇章”，更加坚定了我们全方位推动高质量发展的信心和决心。

去年召开的中国共产党山西省第十二次代表大会，是在我们实现全面建成小康社会第一个百年奋斗目标，向着全面建成社会主义现代化强国第二个百年奋斗目标迈进的关键时刻，召开的一次十分重要的会议。大会最重要的成果，就是学习贯彻习近平总书记关于“三新一高”的重要论述，鲜明提出了“全方位推动高质量发展”的目标要求，实现了省委工作思路的继承发展和创新提升。

省第十二次党代会以来，全省上下坚持以习近平新时代中国特色社会主义思想为指导，按照全方位推动高质量发展的目标要求，加快构筑“六个领域”“三个体系”全面贯通、深度协同的工作矩阵，解放思想、实事求是、真抓实干、久久为功，开创了山西工作新的局面。我们统筹抓好经济社会发展和疫情防控，落实“六稳”“六保”

政策，狠抓“三个一批”活动，2021年GDP总量跨过2万亿大关，增速排全国第三，2022年上半年增速上升为全国第二。2022年上半年，原煤产量达到6.4亿吨，占全国的29.2%，排在全国第一位，在能源保供中彰显了山西担当。我们协同推进产业转型“两个方面”，煤炭、电力、钢铁、焦化、建材等传统优势产业加快改造提升，高端装备制造、新材料、大数据、节能环保等战略性新兴产业不断发展壮大。我们积极构建“一群两区三圈”城乡区域发展新布局，太忻一体化经济区建设强势起步，与转型综改示范区形成“双引擎”。我们坚定不移深化改革开放创新，“承诺制+标准地+全代办”等改革扎实推进，营商环境不断优化，10个项目荣获国家科学技术奖，内陆地区对外开放新高地加快构筑。我们充分挖掘历史文化资源，推动中华优秀传统文化创造性转化、创新性发展，以更高站位和更大力度加强文物保护，文化强省建设步伐不断加快。我们全力保障和改善民生，有效应对汾河流域最强秋汛，扎实做好巩固拓展脱贫攻坚成果同乡村振兴有效衔接各项工作，突出抓好农民工务工就业等重点民生工作，进一步增强了全省人民的获得感幸福感安全感。我们坚持山水林田湖草沙系统治理，PM2.5浓度持续下降，汾河流域国考断面提升至Ⅳ类以上，美丽山西正在全新呈现。我们坚持严的主基调不动摇，坚定扛起管党治党主体责任，巩固拓展党史学习教育成果，开展抓党建促基层治理能力提升专项行动，一体推进“三不腐”同时发力、同向发力、综合发力，全面建设清廉山西，推动政治生态迈向持久的风清气正。

今天的三晋大地，全方位推动高质量发展已经蔚然成势，成为山西最鲜明的主题、最激扬的旋律。实践充分证明，省委关于全方位推动高质量发展的决策部署是完全正确的、是富有成效的。

为了全面展示我省全方位推动高质量发展取得的明显成效，深入阐释党中央及省委的决策部署，更好激励全省上下奋进新征程、建功新时代，根据省委安排，省委宣传部牵头编撰了《山西全方位推动高质量发展面对面》通俗理论读物系列丛书。这套丛书包括《提质进位 再谱新篇》《产业升级 转型发展》《区域新局 改革新举》《双碳引领 绿色发展》《民生所系 实事实办》和《地市竞秀 百舸争流》等6册，涵盖了全省经济、政治、文化、社会、生态、党建等各个领域各个方面，既反映中央大政方针，又解读省委重大部署，还关注基层生动实践；既深刻阐释新出台的政策制度，又深度挖掘各地涌现出的典型案例，还深入回答群众关心关注的热点问题。丛书图文并茂、深入浅出、通俗易懂，具有很强的理论性、知识性、政策性和实践性，是我省基层干部学习掌握最新政策的工具书，是专家学者研究阐释山西实践的资料库，是广大群众关注感受发展成就的展示窗，是对外讲深讲实山西故事的金名片，也是纪录省委团结带领山西人民全方位推动高质量发展的档案簿。要运用好这套丛书，进一步激励全省党员干部群众踔厉奋发、笃行不怠，不断绘就全方位推动高质量发展的新画卷。

当前，全方位推动高质量发展风帆正劲。全省上下要深入学习贯彻习近平总书记考察调研山西重要指示精神，深刻认识“两个确立”的决定性意义，增强“四个意识”、坚定“四个自信”、做到“两个维护”，以“时时放心不下”的责任感，统筹抓好防疫情、稳经济、保安全三大任务，不断开创全方位推动高质量发展新局面，以实际行动迎接党的二十大胜利召开，续写山西践行新时代中国特色社会主义新篇章！

是为序。

中共山西省委书记 林武

2022年7月

# CONTENTS 目录

第一章

# 共绘低碳新蓝图

——如何有序实施碳达峰山西行动？

2021年9月3日，世界目光再聚汾水之畔，2021年太原能源低碳发展论坛在这里开幕，新华社、中央广播电视总台、新华网、央广网、中国新闻网等中央媒体，纷纷以“能源·气候·环境”为主题，密集刊发报道，盛赞此次论坛汇聚智慧共识，深化能源合作，为维护国家能源安全、推动能源事业高质量发展作出贡献。据大数据分析显示，一日内，央媒共发布“2021年太原能源低碳发展论坛”相关报道34篇，全网转载量521次，阅读量达732万，“碳中和”“碳达峰”“国际”“山西”成为报道高频词。

2022年1月，习近平总书记在山西考察调研时指出，推进碳达峰碳中和，不是别人让我们做，而是我们自己必须做，但这不是轻轻松松就能实现的，等不得，也急不得。必须尊重客观规律，把握步骤节奏，先立后破、稳中求进。要积极稳妥推动实现碳达峰碳中和目标，为实现第二个百年奋斗目标、推动构建人类命运共同体作出应有贡献。这为山西积极稳妥推动实现碳达峰碳中和目标，进一步指明了前进方向，提供了根本遵循。

山西牢记习近平总书记嘱托，科学合理设定指标，推进减污降碳协同增效，促进产业生态化和生态产业化同步提速，在实现碳达峰碳中和的路上正迈出坚实步伐。

## 一、明确目标，认识碳达峰碳中和工作深远意义

以习近平同志为核心的党中央站在中华民族永续发展和构建人类命运共同体的高度，作出“力争2030年前实现碳达峰、2060年前实现碳中和”的重大战略决策。山西作为资源型地区和碳排放大省，面对产业结构偏重、能源结构偏煤、能效水平偏低等问题，如期实现碳达峰碳中和目标意义重大、任务艰巨。

### 促进社会发展绿色转型

推进碳达峰碳中和有利于促进经济社会发展全面绿色转型，推动实现全方位高质量发展。做好碳达峰碳中和工作，有利于改变传统的“大量生产、大量消耗、大量排放”的生产模式和消费模式，有助于加速倒逼山西传统优势产业改造提升，推动战略性新兴产业和现代服务业发展壮大，促进产业结构、能源结构、交通运输结构、用地结构绿色低碳转型，实现发展模式由外延粗放向内涵集约转变，建立健全绿色低碳循环发展的经济体系，助力构建新发展格局。

·知识链接·

碳达峰：全球、国家、城市、企业等主体的碳排放在由升转降的过程中，碳排放的最高点即碳峰值。大多数发达国家已经实现碳达峰，碳排放进入下降通道。我国目前碳排放增速虽然比2000—2010年的快速增长期放缓，但仍呈增长态势，尚未达峰。

碳中和：人为排放源与通过植树造林、碳捕集与封存（CCS）技术等人为吸收达到平衡。碳中和目标可以设定在全球、国家、城市、企业活动等不同层面，狭义指二氧化碳排放与吸收达到平衡，广义指所有温室气体排放与吸收达到平衡。

## 实现高质量低碳转型

推进碳达峰碳中和是推进能源革命综合改革试点的进一步深入。肩负着能源革命综合改革试点的重大使命，山西实现高质量低碳转型发展，对于推进全国能源稳步转型、如期实现碳达峰碳中和目标愿景至关重要。低碳转型是推进能源生产和消费革命的内在要求，也是衡量试点工作成效的关键所在。山西自觉将碳达峰碳中和纳入试点任务统筹推进，以低碳为导向引领综改试点各项任务落实，有利于促进经济与生态环境保护协调发展，为实现绿色发展、促进人与自然和谐共生贡献山西智慧，让碳达峰碳中和山西方案成为具有示范意义的国家样板。

### 实现减污降碳协同增效

推进碳达峰碳中和有利于减少主要污染物和温室气体排放，实现减污降碳协同增效，促进美丽山西建设。二氧化碳和常规污染物的排放具有同源性，大部分都来自化石能源的燃烧和利用。山西的生态环境问题，本质上是高碳能源结构和高耗能、高碳产业结构问题。做好碳达峰碳中和工作，有利于推动总量减排、源头减排、结构减排，实现减污与降碳、改善环境质量与应对气候变化协同增效。

## 二、多措并举，推动碳达峰碳中和工作有序开展

山西践行习近平总书记殷殷嘱托，把碳达峰山西行动作为政治责任，自觉扛在肩上，准确把握面临的机遇和挑战，把实施碳达峰山西行动，与建设国家资源型经济转型综合配套改革试验区、深化能源革命综合改革试点以及全方位推动高质量发展统筹起来，坚定不移走生态优先、绿色低碳的高质量发展道路，在全国一盘棋推进碳达峰碳中和进程中体现山西担当。

·特别关注·

**构建清洁低碳安全高效的能源体系**

2021年，山西煤矿智能化稳步推进，首批10座智能化示范建设煤矿全部建成，1000处智能化采掘工作面全部启动建设，21座煤矿实现5G入井；煤炭绿色开采试点进展顺利，20座煤矿绿色开采试点完工，8座试点煤矿井下矸石智能分选和不可利用矸石返井建设开工；新能源有序发展，风光发电新增并网规模204万千瓦，列入年度建设规模2000万千瓦，26个县被国家列入整县屋顶分布式光伏开发试点，积极探索氢能、地热能等清洁能源的开发利用；积极开展“新能源+储能”试点，平鲁和右玉布局独立储能设施，大同、朔州、忻州、阳泉4市在新能源项目中配置10%以上的储能设施；克服困难，全力做好16个省（区、市）煤炭保供工作，发送电煤4356万吨，合同完成率106.15%，圆满完成国家下达的保供任务。

## 以“双碳”目标为牵引深化能源革命

山西深入贯彻落实习近平总书记“四个革命、一个合作”能源安全新战略，把碳达峰碳中和作为牵引举措，改革创新，先行先试，扎实开展能源革命综合改革试点，推动产业结构、能源结构持续优化，绿色低碳发展取得积极成效，在全方位推动高质量发展中书写能源高质量发展新篇章。

**推动传统能源绿色转型。**统筹把握煤电项目建设和电力供应安全，加快推动煤电向基础保障性和系统调节性电源并重转型，继续支持传统能源特别是煤炭、煤电发挥兜底保障作用，有序推动在建煤电项目投产，促进燃煤清洁高效开发转化利用，提升大容量、高参数、低污染煤电机组占比，加快存量煤电机组节能降碳改造、灵活性改造和供热改造

“三改联动”，实施城乡配电网建设和智能升级计划，推进农村电网升级改造，开展煤电等领域二氧化碳捕集、利用和封存试验示范。2021年煤炭先进产能占比突破75%，完成电力升级改造841万千瓦。出台《2022年度全省深入推进煤矿智能化建设工作方案》，积极推进煤矿智能化改造和绿色开采。

**大力发展新能源和清洁能源**。推动非常规天然气增储上产，加快天然气基础设施建设和互联互通，推动光伏、风电基地化发展，谋划布局氢能产业化应用示范项目，积极开发利用地热资源。建设生物质热电联产项目，在县城重点发展清洁热电联产集中供暖，在具备生物质资源的农村地区大力区域生物质集中供暖。山西加快光伏、风电、水电等清洁能源和新能源的发展，推动能源供给由单一向多元、由黑色向绿色转变。2021年非常规天然气产量达到95亿立方米，新能源和可再生能源装机容量达到3889万千瓦，占比达到34.3%。

**推进抽水蓄能和新型储能**。把抽水蓄能作为主攻方向，加快建设垣曲、浑源抽水蓄能电站，推进“风光火储一体化”“源网荷储一体化”发展，逐步提升新能源消纳能力，加快储能技术研发推广，支持能源企业、科研院所和高校等集中开展技术攻关，推动储能在可再生

作为国家首批智能化示范建设煤矿之一，塔山矿智能化工作面实现了高效率、高效益、更安全的智能化采煤。

能源消纳、分布式发电、能源互联网等领域示范应用。2022年5月，组织召开全省抽水蓄能项目推进视频会，就全面加快抽水蓄能项目建设工作进行安排部署。同时，积极争取国家支持山西抽水蓄能调整纳规，国家能源局将山西上报的8个项目调整为“十四五”重点实施项目，山西成为抽水蓄能中长期规划发布后首个新增纳规项目得到批复的省份。

## 全面做好能耗双控工作

要发展，就会有能耗，要高质量发展，就要用好能耗双控。2021年9月，山西召开全省深化能源革命综合改革试点暨能耗双控工作推进大会，明确指出，要把推进能耗双控工作，作为深化能源革命综合改革试点的核心内容，作为如期实现碳达峰碳中和的必由之路，作为加快构建现代产业体系的有力促进，作为全方位推动高质量发展的重要支撑，坚决把能耗强度降下来，把能耗总量控制在合理水平。这为“十四五”时期能耗双控工作指明了方向，明确了目标任务。

**坚决遏制“两高”项目盲目发展。**山西认真贯彻落实党中央、国务院关于遏制“两高”项目盲目发展的部署要求，先后出台《关于做好“两高”项目分类处置工作的通知》《山西省坚决遏制“两

· 知识链接 ·

“两高”项目，“高耗能”“高排放”项目。具体来讲，“两高”项目一般是指焦化、化工、钢铁、有色金属、建材等行业的项目，这些行业均是污染物和二氧化碳排放的重点行业，据估算，这些行业的排放量占全国二氧化碳排放量70%以上，主要大气污染物排放量50%左右。如果盲目上马“两高”项目得不到有效遏制，不仅会冲高碳排放水平、增加污染治理和生态保护修复压力，还存在显著的高碳锁定问题，有可能形成“搁置资产”和投融资风险，加剧经济发展与生态环境保护间的矛盾，严重影响美丽山西建设和碳达峰碳中和目标愿景的实现。

高”项目盲目发展行动方案》《山西省重点行业能耗双控行动方案（2021—2025年）》等政策文件，全面构建坚决遏制“两高”项目盲目发展的制度体系。对山西“两高”项目实行清单管理，拟建、在建、存量项目纳入台账并进行分类处置，全面压减“十四五”拟投产达产“两高”项目。经多轮梳理压减，山西“十四五”拟投产达产“两高”项目新增能耗减少80%，为产业转型升级和民生改善腾出用能空间。

**有力有序实施重点行业能效提升行动**。钢铁、化工、焦化、有色金属、建材五大行业是山西工业领域重点用能行业，是工业制造业领域双控工作的重点和关键。为切实做好能耗双控工作，山西相关部门制定了五大行业节能改造专项计划，梳理出38项先进节能技术，按照“一企一策”原则，在“十四五”期间，重点推进五大高耗能行业节能改造项目建设，通过倒排工期、

挂图作战，把节能改造任务分年度落实到企业、装备、工艺。2022年1月19日，工业和信息化部、国家市场监督管理总局联合发布了2021年重点用能行业能效“领跑者”企业名单，涉及钢铁、焦化、水泥、甲醇、电石等14个行业。其中，山西光大焦化气源有限公司在焦化和甲醇两个行业中“榜上有名”，两项指标均“领跑”全国。晋城山水合聚水泥有限公司也入选水泥行业能效“领跑者”企业名单。

## 坚定不移推进产业转型

对山西而言，向“双碳”目标迈进是在新时代新阶段贯彻新发展理念、实现全方位高质量发展的必由之路。必须加快转型升级，依托知识、技术等来提高增长效率，全面向绿色低碳、高质量发展转型。

**现代产业体系加快构建完善。**首先，传统产业加快升级。山西研究确定了重点传统优势产业的“生存线”“发展线”标准，推动钢铁、焦化、有色金属、建材、化工、酿酒、酿醋等9个传统产业对标“两线”实施技术改造。其次，战略性新兴产业快速成长。出台新材料、新装备、新产品等“十四五”省级专项规划，研究确定了新产业企业迈过行业平均水平、达到行业标杆水平的标准和路径，推动企业对标达标。全省新材料、高端装备制造、数字、节能环保、现代物流等产业突破千亿。“5G+工业互联网”等新一代信息技术应用持续拓展深化，16座煤矿实现了5G入井，新元煤矿、庞庞塔煤矿入选全国采矿业典型案例集。

**重大转型项目加快实施落地。**山西全力推动1000户企业实施技术改造，2021年工业技改投资增速达11.3%。加快推动200个制造业转型项目、200个数字经济领域牵引项目等“双200”项目建设，太原蓝宝石晶体材料及制品产业基地项目、高速飞车磁悬浮高速飞车试验项目等一批重大项目顺利开工，太钢不锈高端冷轧取向硅钢项目、禧佑源航空科技再制造基地、秦淮环首都·太行山能源信息技术产业基地等一批重大项目建成投产和部分投产。

·数说山西·

2021年，山西高技术制造业增长34.2%，工业战略性新兴产业增长19.5%，其中，装备制造业增长24.4%，新能源汽车增长1.5倍。数字经济蓬勃发展，信创、大数据、光机电等产业发展势头良好，4英寸碳化硅高纯单晶衬底市场占有率达50%以上，信创整机生产能力达到260万台/年，累计建成5G基站3.4万个，数据中心设计标准机架达到37.78万架，6个工业互联网二级节点顺利建设，太原国家级互联网骨干直联点开通试运行，成为“十四五”期间全国首个启动申报并获得批复的直联点。

**企业技术创新能力持续提升。**推动规上工业企业实现研发活动全覆盖上水平。扩大创新载

2021年11月15日，山西禧佑源航空科技再制造基地维修中心内，工作人员正在拆解飞机雷达罩。

体规模，新培育54户省级企业技术中心；新认定29户新型研发机构。加快核心关键技术攻关，量子通信、手撕钢、合成生物等一批重大技术实现突破。深化产学研合作，积极推动省校合作，累计培育产教融合型试点企业120家。

## 大力推动资源节约和循环利用

在朔州市怀仁金沙滩陶瓷工业园区，企业通过技术创新，将煤矸石加工成陶瓷产业链上游的高岭土。相比直接销售煤矸石，该利用方式使煤矸石的市场价值提升了30%。目前，以煤矸石消化利用为主的日用陶瓷产业，已成为怀仁经济发展的重要支柱型产业。在朔州经

·特别关注·

### 海上“追风”再升级

2021年7月10日，由中车永济电机公司自主研制的大功率13.XMW半直驱永磁风力发电机在山东东营成功下线。该机型下线标志着我国大功率海上风力发电机的自主研制能力又上了一个台阶，实现了13MW以上风力发电机整机和部件关键技术的突破。

这是中车永济电机公司成功开发的又一引领行业、具有划时代意义的海上风力发电机机型。从7.6MW半直驱、10MW半直驱及7.XMW双馈风力发电机、7.XMW海上高速永磁风力发电机，到刚刚下线的13.XMW半直驱永磁风力发电机，是中车永济电机公司坚持创新驱动、不断突破自我、勇攀科技高峰的展现。

此次下线的13.XMW半直驱永磁风力发电机配套明阳智能，是中车永济电机公司积极推进“两海战略”、深化落实碳达峰碳中和目标的又一载体。

济开发区神电固废综合利用园区，以消化利用粉煤灰为目的的9家企业年综合利用粉煤灰180万吨，年利用率达到62%。曾经的黑面面、灰渣渣摇身一变，成了发展致富的香饽饽。

朔州市北大研发中心粉煤灰等固废制备绿色多功能板材中试示范生产线。

山西工业固废污染防治和综合利用面临着很大压力。据统计，山西工业固废物历史堆存总量大约是14亿吨，每年煤矸石、粉煤灰等工业固体废物产生总量是3亿多吨。陈年堆积的工业固废物，不仅占用土地，也极易引发污染以及生态破坏等各种问题。2021年以来，山西不断加大朔州、晋城、长治三个国家级工业资源综合利用基地建设，加大煤矸石、粉煤灰、脱硫石膏、冶炼渣综合利用产业的集聚集群建设，工业固废的综合利用水平和规模均有新提升。其中，朔州积极打造全国工业资源综合利用示范基地，建设新型绿

·特别关注·

**电力“老兵”立新功**

山西河坡发电有限责任公司作为一家火电行业的“老兵”，纵横“火电江湖”20余年，曾经风光无限。然而，面对活力四射、日益崛起的光伏、风电、核电等“电力新兵”，高能耗重污染的负累，却让电厂不堪重负。为改变困境实现转型发展，山西河坡发电率先走上了一条火电灵活性改造的转型之路。该公司关停了4台老旧机组，引进2×350MW超临界循环流化床热电联产机组、清洁燃烧技术及天然气点火方式，#1、#2机组一举成为首批投产即实现超低排放的机组。随着对新机组的不断改造升级，电厂已配套了电储能调频、电锅炉调峰项目，在市场竞争中迅速展现出新型火电的优势，无论是快速调频、深度调峰能力，还是机组快速爬坡、快速启停能力，都让山西河坡发电在能源革命领域脱颖而出，为火电高效清洁发电开启了新思路。让循环流化床锅炉伴生的粉煤灰渣变废为宝，是所有发电企业的“老大难”。如今，煤泥掺烧发电和灰渣综合利用，成为山西河坡发电循环发展的点睛之笔。粉煤灰渣综合利用项目建设完成后，把灰渣、赤泥、煤矸石等固废加以利用，制作成水稳材料、砌块砖等绿色建筑建材，既解决了灰渣填埋占地问题，又节省了每年2000多万元的灰渣处置费用。

色建材生产基地；晋城积极推进煤矸石发电、供热、烧结砖、水泥掺加、脱硫石膏制石膏板、钢铁冶炼渣超细粉等固废资源多途径高质量利用；长治则明确工业资源综合利用发展方向，积极推进产业联通协作、链条上下完备的基地发展格局。

## 强化绿色低碳技术科技攻关和推广应用

技术升级是“双碳”目标实现的关键支撑。近年来，山西大力推进相关领域科技进步并取得显著成效。

能源关键技术攻关进展顺利。煤层气勘探开发、储能等领域新34个“卡脖子”关键共性技术攻关项目积极推进。“低渗煤层煤层气分段压裂水平井增产技术研究”“煤基石墨烯及其复合材料批量化制备技术开发”等重大专项取得积极进展。“煤矸石煤泥清洁高效利用关键技术及应用”荣获国家科学技术奖。

积极开展$CO_2$捕集利用封存技术攻关示范。设立“碳达峰碳中和关键技术研究和示范”重点专项，启动减碳、零碳、负碳技术集中攻关，凝练第一批7个项目，通过揭榜挂帅向全国发榜。大唐国际云冈热电探索对煤电烟气中的$CO_2$进行捕集、纯化，转化为高附加值的碳纳米管、轻量发泡材料等，相关技术国内领先。

## 逐步完善碳交易体系

**“中碳登”落地山西。**2021年12月，全国碳排放权注册登记结算机构（以下简称“中碳登”）山西省服务中心在山西环境能源交易中心正式设立，标志着山西省碳排放权交易市场体系建设又向前迈出一步。目前，累计交易金额达到20亿元，位居全国同行业前列。山西环境能源交易中心配合山西生态环境厅和“中碳登”，做好碳排放权交易市场履约清缴、注册登记等相关工作，并积极探索发展碳金融及其衍生品等有关服务，助力山西实现碳达峰碳中和目标，实现绿色转型发展。

·知识链接·

“中碳登”：生态环境部唯一授权建立和运营的碳排放权登记结算机构，承担着碳排放权的确权登记、交易结算、分配履约等重要业务和管理职能。山西环境能源交易中心是山西首家集环境权益资产交易、绿色金融服务、低碳环保咨询于一体的专业化综合服务机构。

**完成全国碳市场首年履约“大考”。**2021年12月31日，在全国碳排放权交易市场第一个履约周期结束之际，山西作为能源大省，顺利完成碳排放权的清缴和履约工作，交出“大考”成绩单。截至2021年底，全省纳入全国碳市场第一个履约周期的重点排放单位达107家，应履约量为5.655亿吨，实际履约5.637亿吨，按照履约量计算，履约完成率99.68%，高于全国平均水平。

## 三、统筹谋划，确保碳达峰碳中和工作取得实效

对于时代命题的解答，考验智慧，见证勇毅，更彰显远见。习近平总书记指出，实现“双碳”目标是一场广泛而深刻的变革，也是一项长期任务，既要坚定不移，又要科学有序推进。未来，山西将继续贯彻落实好党中央、国务院部署，不搞“碳冲锋”，也不搞“运动式”减碳，有力有序有效地推进碳达峰碳中和工作。

·特别关注·

**风电发展添绿色**

太原市东山地区地势开阔，风力资源丰富、风向稳定，气象因素影响较少，适合发展风电产业项目。日前，太原市迎泽区同山西迎润新能源有限公司达成合作意向，在郝庄镇的捐子村、沟北村、西祁家山村、东祁家山村等村的北侧山坡上建设12台输出功率4MW的风机，总装机容量达48MW，部分风机将采用100米高塔架，并配套新建一座升压站，产生的电力将就近接入太原市晋安变电站。该风电项目的签约，将助推省城积极建设绿色循环产业体系，对拉动地方经济发展、降低能源碳排放强度、改善大气环境质量、推进低碳城市建设起到重要作用。

### 科学谋划，把握进度

山西碳排放总量大、碳排放强度高。山西要积极落实党中央关于碳达峰碳

中和的决策部署，贯彻好国家2030年碳达峰有关要求，及时掌握政策动向，深入研究全省碳排放结构特征、演变趋势和影响因素，高质量编制山西“双碳”工作实施意见和碳达峰实施方案，落实落细碳达峰碳中和“1+X”政策体系各项任务，抢抓碳达峰碳中和过程中产业布局和能源结构调整的战略机遇，加快构建有利于实现碳达峰碳中和的体制机制和政策体系。要尊重规律，实事求是，统筹把握碳达峰碳中和时间节点和工作节奏，坚决避免不切实际的“运动式”减碳。

·特别关注·

**电能替代——让传统产业焕发绿色生机**

晋中市太谷区有65户玛钢企业、110.26万千伏安容量待报装用电。晋中电力公司以市场为导向，提前摸排太谷玛钢的用电负荷增长情况，精准规划电网建设，新建太谷小白110kV变电站，全力解决太谷玛钢用户用电紧张的情况。

永恒玛钢原来使用焦炭化铁水制造工艺，热效率低、能耗大、污染严重、产品残次率高，而且开炉时铁水飞溅容易引发安全事故。实施电能替代改造后，企业将冲天炉全部置换成中频炉，效益提升显著。除一次性投资外，企业每吨产品用能及维修等成本可以下降27%；用电的中频炉炉温稳定，产品合格率可以由90%提高到93%，产值提升90万元；流水线作业节约了2/3的人力，每年节省工人工资136.5万元；操作工艺简单，炉外温度低，安全性高，污染少。

“煤改电”电能替代方案的推广，将促使太谷的玛钢企业快速走上安全、清洁、高效生产的道路。同时，玛钢行业电能替代经验还可以应用在玻璃、碳素、农业、娱乐业等方面，以绿色和清洁的方式满足更多企业的能源需求。

## 协同发力，系统推进

实现碳达峰碳中和是一个多维、立体、系统的工程。山西必须处理好能源安全、经济发展与节能降碳，省内排放与能源外送，传统能源与新能源、清洁能源等的关系，以经济社会全面绿色转型为引领，以能源绿色低碳发展为关键，推动减污降碳协同增效，加快形成节约资源和保护环境的产业结构、生产方式、生活方式、空间格局。要坚持政府和市场双轮驱动，深化能源和相关领域改革，加强对重点用能单位能耗在线监测管理，

运城市夏县的光伏发电场上，一排排单晶硅板，在阳光的照耀下，源源不断地转换出绿色清洁能源。

积极参与全国碳排放权交易，探索建立用能权初始分配和有偿使用交易制度，完善差别化用能价格政策，建立健全市场化激励约束机制，让排放成本越来越高、减碳收益越来越大。

## 突出重点，做足特色

山西推进碳达峰碳中和，要找准优势行业，做足特色。严格实施能耗双控行动，坚决遏制“两高”项目盲目发展，有序有力有效推进传统高耗能高排放行业存量项目“上大压小、产能置换、淘汰落后、先立后破”和节能减排技术改造，为如期实现碳达峰创造有利条件。加快新旧动能转换，积极布局绿色产业，合理发展用能产业，鼓励发展新技术、新业态，加大对新能源领域的投资，解决好煤炭资源多元化利用、非常规天然气增储上产、低碳零碳负碳科技创新等焦点难点问题，培育和引进节能降碳企业、技术、人才、资本等要素，积极探索资源型地区实现碳达峰碳中和有效路径。

第二章

# 山河秀丽风光美

## ——如何扎实推进“两山七河一流域”生态修复治理？

桑干河是海河的重要支流，因小说《太阳照在桑干河上》而闻名于世，但因过度开发几度干涸断流。山西深入实施“两山七河一流域”生态保护和修复工程，桑干河重焕生机，如今每年春来之际，北迁的天鹅便会停留于此，“赤掌轻拨弦骤起，引吭舒颈看霞出”的优美景象，让人心旷神怡。

习近平总书记强调，生态是统一的自然系统，是相互依存、紧密联系的有机链条；人的命脉在田，田的命脉在水，水的命脉在山，山的命脉在土，土的命脉在林和草，这个生命共同体是人类生存发展的物质基础。治一方水土，兴一方经济，富一方百姓，美一方家园。良好的生态环境是最普惠的民生，也是衡量山西高质量转型发展的重要标志。

近年来，山西坚决贯彻落实习近平生态文明思想，以创建黄河流域生态保护和高质量发展重要实验区为目标牵引，全面谋划实施山水林田湖草沙系统治理，铁腕治污力度空前，生态环境持续改善，“两山七河一流域”生态保护与修复取得明显成效，山清水秀、鸟鸣鱼戏的山西生态画卷日渐浓墨重彩。

## 一、加强“两山”生态保护修复，筑牢绿色生态屏障

近年来，山西以“两山七河一流域”为主战场，坚持生态优先、绿色发展战略定位，统筹“全生态”治理，用绿色扮靓三晋大地。以吕梁山、太行山为主战场，坚持自然恢复为主、人工修复为辅，开展全省域生态保护和修复，构筑国土绿色生态安全屏障。

·知识链接·

“两山七河一流域”，是山西实施国家黄河流域生态保护和高质量发展战略的重要流域和区域。

两山：太行山、吕梁山，面积占全省面积的83%，涉及11个设区市、81个县（市、区）。

七河：汾河、桑干河、滹沱河、漳河、沁河、涑水河、大清河七大河流，流域面积占全省面积的72%。

一流域：黄河流域。黄河干流山西段总长965公里，流经山西省4市19县，流域面积涵盖山西省11市86县（市、区），占全省总面积的73.1%。

### 植绿护绿，构建生态屏障

**着力构筑三大生态屏障带。**依托太行、吕梁“两山”，构筑黄河和黄河流域生态防护屏障、环京津冀生态安全屏障、中条山生物多样性保护屏障。黄河和黄河流域生态防护屏障以吕梁山脉为主体，重点治理水土流失和降低土壤侵蚀，着力构建和完善以水土保持为主要功能的防护林体系。环京津冀生态安全屏障以太行山脉为主体，构筑以水源涵养为主要功能的防护林体系。中条山生物多样性保护

屏障以太行山南端中条山为主体，以营造景观林和自然保护地建设为重点，强化野生动植物资源和生物多样性保护。

**稳步推进四大城市群绿化。**充分发挥森林在改善城市环境和城市风貌方面的独特作用，以“七河”水系生态廊道建设为导引，推进太原、大同、长治、临汾四大城市群林草生态建设。太原城市群以国家森林城市创建为抓手，以山区生态景观林、平川丘陵区经济林建设为重点，建设人与自然和谐共生现代化林草高质量发展示范市。大同城市群以控制风沙、改善生态环境为重点，重点布局古长城沿线、太行山脉沿线、桑干河沿线林草建设。长治城市群以城市林业建设为重点，开展村庄、厂矿、廊道、河流两岸绿化，着力抓好清漳河、浊漳河两大水系生态廊道和辐射河北、河南和晋中、临汾等两省两市的通道生态廊道建设。临汾城市群以身边增绿为重点，在重点旅游景点周边发展生态景观林，着力抓好汾河中游水系生态廊道与辐射陕西和运城、晋中、长治等一省三市的通道生态廊道建设。

**聚焦重点打造样板区。**以大工程为载体，高标准部署实施国土绿化高质量发展示范工程，打破造林绿化“瓶颈”，宜林则林、宜草则草，综合施策开展山水林田湖草沙系统治理，全面推进山西黄河流域北部生态修复区、黄河流域中部生态治理区、汾河上游“华北水塔”生态重建区、太行山北段生态建设区和太行山中段生态恢复区等五大区域和8个省直林局生态建设。

## 系统保护，增强生态功能

生态环境是生存之本、发展之源。生态环境没有替代品，用之不觉，失之难存。山西实施重要生态系统保护和修复重大工程，优化生态安全屏障体系，构建生态廊道和生物多样性保护网络，提升生态系统质量和稳定性。

**建立自然保护地体系。**构建以国家公园为主体、自然保护区为基础、各类自然公园为补充的自然保护地体系，积极申报和筹备中条山国家公园，整合设立一批自然保护地，将自然保护地发展和建设管理纳入地方经济社会发展规划，到2025年，自然保护区等各类自然保护地面积占省域面积11%。建立分级协同的生态监管评估机制，探索实施省级及以下自然保护地监测与保护成效评估。持续开展“绿盾”专项行动，强化对自然保护地的监督检查。

**加大林草资源保护力度。**建立天然林休养生息制度，全面禁止天然林商业性采伐。扩大天然公益林保护

· 知识链接 ·

生境：又称栖息地，指生物的个体、种群或群落生活地域的环境，包括必需的生存条件和其他对生物起作用的生态因素。

规模。完善天然林管护制度，分区施策，全面落实“林长制”。“十四五”期间，全面保护全省5600万亩永久性公益林。强化草原监督管理，保护山西弥足珍贵的亚高山草甸，坚决杜绝在亚高山草甸盲目造林，坚决杜绝在林带中盲目铲草，坚决杜绝在北部稀疏草地盲目植树。加强草地重点县管理体系、防护体系和执法体系建设。

**强化野生动植物资源保护**。坚持物种保护、生境保护、系统性保护有机结合，持续开展野生动植物栖息地、物种调查监测，建立全省野生动植物资源数据平台。开展生态廊道建设和重要栖息地恢复。加强褐马鸡、红豆杉等重点物种保护，开展极小种群濒危物种拯救保护。建立完善野生动物肇事损害赔偿制度和野生动物伤害保险制度。强化野生动植物及其制品繁育、利用监管，坚决打击乱猎滥捕滥采、非法交易野生动植物及其制品等违法犯罪行为，全面禁止非法猎捕、交易和食用野生动物。

截至2021年10月，山西已设立省级以上各类自然保护地272个。以国家公园为主体的自然保护地体系正

太原汾河景区生态环境不断改善，成为众多野生鸟类的栖息地。

在形成，自然生态系统稳定性得到有效加强，85%的野生动植物得到有效保护。曾经濒临灭绝的省鸟褐马鸡，通过多年持续的就地保护和迁地保护，增加了1万多只。30余种植物、17种鸟类在山西有了新分布、新记录，表里山河处处呈现出人与自然和谐共生的景象。到2025年，国家重点保护野生动植物物种保护率达到90%以上。

**科学保护自然湿地。**山西作为华北水塔，湿地保护意义重大。山西积极推进湿地保护，一是提升湿地管理的法治化水平，启动《山西省湿地保护条例》立法工作，将湿地保护纳入法治化轨道。二是完善管理机制，出台了《山西省省级重要湿地认定办法》，实施湿地保护的分级管理模式。三是加大了对湿地保护修复的投入，推进湿地保护区和湿地公园建设，加强黄河干流滩涂生物多样性保护，促进湿地生物群落的重建和恢复。建设湿地监测站点，完善湿地监测体系。目前，山西湿地总面积15.19万公顷，湿地公园达到63处，其中，国家湿地公园19处，省级湿地公园44处。湿地类自然保护区3处，全省湿地保护率达到47.55%。到2025年，保持现有湿地面积不减少。

**推进林草防火和有害生物防治**。严格管控火源，整治风险隐患，坚决守住不发生重特大森林草原火灾和人员伤亡的底线。加强林草有害生物防治，重点抓好松材线虫病和美国白蛾防控，不断完善林草有害生物灾害防控体系和立体监测预警体系，增强大面积常发林草有害生物灾情的综合除治能力和林草有害生物突发事件的应急防控能力。到2025年，将森林草原火灾受害控制率和有害生物成灾率分别控制在0.5‰和3‰以下。

### 统筹治理，修复生态系统

**积极实施退化林修复**。充分运用补植、人工促进天然更新和间伐等抚育措施，改善林分结构，提升林分功能，提高退化林质量，到2025年，完成退化林修复75万亩。

**稳步推进草原修复治理**。2021年，山西草原在保持水土、维护生物多样性、为生态植被的正向演替上当好“第一先锋”。山西出台了《关于加强草原保护修复的实施意见》，实施一批草原生态保护修复工程，重点抓好全省的亚高山草甸保护修复工作，注重探索构建草原保护修复治理的长效联动机制，走出一条草原生态保护和修复治理新路子。下一步，山西将以山地草原类、山地草甸类草原生态修复治理为重点，因地制宜实施退化草地植被重建、补播改良、围栏封育等草原生态修复治理工程，逐步恢复土石山区、水源涵养区、重点水

运城市芮城县加强黄河流域生态保护，湿地环境不断向好。

系区、生态脆弱区和“三化”严重区的草地植被，实施黄河流域黄土高原草原和吕梁山草原生态建设工程，到2025年，实施退化天然草原改良和生态修复50万亩。

**强化水土流失治理**。经过多年连续治理，截至2021年底，山西水土流失面积已减少到5.54万平方公里左右，省内黄河流域水土流失面积也减少到3万多平方公里，全省水土流失强度大为减轻，黄河入河泥沙量也大幅度减少。下一步，山西将继续以小流域为单元，大力开展山水田林路综合治理，提升区域水土保持能力。吕梁山加强黄土高原塬面保护，以旱作梯田和淤地坝建设为重点，建设“固沟保塬”综合治理体系，有效减少泥沙入河。太行山加强林草植被和治理成果管护，强化生产建设活动和项目水土保持管理，实施封育保护，促

临汾市永和县西峪淤地坝工程

进自然修复，从源头控制土壤侵蚀，全面预防水土流失。其他水土流失严重区、革命老区，开展以服务民生为主的水土保持重点治理，水土保持率提高到65%以上。

·特别关注·

**发挥“绿色”发展优势**

晋城市陵川县坚持“补绿”与“造绿”并重，全面推进“城乡绿色全覆盖”，大力实施荒山绿化、通道绿化、村庄绿化等工程，加强山水林田湖草沙的综合治理、系统治理、源头治理，不断放大生态资源优势，做足“生态+文旅”“生态+康养”“生态+农业”等文章，努力打造中原地区最具影响力的生态休闲旅游健康度假中心、国家级全域旅游示范县、全国康养产业样板县。

**深化矿山生态修复。**山西大力开展废弃露天矿山生态修复，在6市29县完成了1223公顷治理修复任务。扎实推进汾河中上游山水林田湖草沙生态保护修复工程试点项目，总投资83.07亿元，涉及2个市和6个县（市、区）共81个项目，治理面积1472.95平方公里。目前，山西有主矿山生态修复制度已成体系。下一步，山西将建立矿山地质动态监管平台，到2025年，实现全省矿山地质环境动态监测全覆盖。强化生产矿山边开采边治理举措，及时修复生态和治理污染。全面加强矿山生态修复治理，大力探索矿山地质环境恢复和综合治理新模式，加快生态修复进度。开展历史遗留废弃矿山和采煤沉陷区综合治理，实施一批生态修复工程，到2025年，基本完成历史遗留矿山地质环境问题修复治理工作。

## 二、实施“七河”综合治理修复，推进美丽河湖建设

山西统筹考虑水资源、水环境、水生态、水安全，坚持问题导向，狠抓工程，打好碧水保卫战。2021年，全省以汾河流域为重点，谋划实施“七河”流域山水林田湖草沙系统治理，同步推进“五湖”生态修复，打造“源、点、环、带、景、文”水生态治理修复新格局，全面提升河湖生态环境质量，构建健康河湖体系，重现河湖自然秀美风光。

### 打造青云素波、两岸锦绣新汾河

山西积极实施“五水”济汾，合理利用雨水、污水资源，加快推进太原、临汾、运城等地下水超采区综合治理，切实保障汾河生态流量。加强流域入河排污口监管，实现全面达标排放，实施流域水污染物总量控制，中下游断面提升至Ⅳ类水质。推进汾河上游娄烦、古交段生态保护与修复、汾河百公里中游示范区段生态修复及潇河流域综合治理，再现古晋阳“汾河晚渡”美景。

汾河

实施汾河下游干流生态保护与修复、汾河入黄口生态保护与修复等工程，强化引调水措施，促进浍河等重要支流复流，持续推进汾河“水量丰起来、水质好起来、风光美起来”。

### 打造水草丰美、五彩缤纷桑干河

山西加大管涔山、恒山、洪涛山水源涵养林建设力度，实施万家寨引黄工程北干线向桑干河–永定河生态补水工程，保障永定河上游生态补水。深入推进朔州、

桑干河

大同盆地水污染治理，补齐城镇生活污水治理短板，实施朔州市七里河、大同市御河、十里河、桑干河朔州、大同段水系综合整治等工程。统筹推进桑干河山水矿城林田湖系统治理，打造具有生态涵养、旅游景观等多重价值的生态大动脉。

### 打造水波荡漾、人水和谐滹沱河

山西加强滹沱河源头保护，加大五台山生态保护，强化云中山、系舟山水源涵养林建设，深入推进娘子关泉等岩溶大泉保护。在水质改善稳定、生态基流有保障

滹沱河

的河段，强化河流生态系统建设，提升河流生物多样性。强化忻定盆地、阳泉市区水污染防治，加快完成城市雨污分流改造，减少汛期生活污水直排入河，实施滹沱河源头、繁峙段、代县段、南云中河河道综合整治，促进滹沱河干支流水环境质量改善。

## 打造桑榆汗漫、城水相依大漳河

山西加大漳河流域水源涵养林建设，推进云竹湖、千泉湖、精卫湖及榆社漳河源湿地等保护修复，加强清漳河干支流及浊漳北源、绛河、淅河等河流和辛安泉

浊漳河

保护力度。推进煤炭开采水资源保护，加大煤矿矿坑排水综合利用。实施长治市浊漳河干流重点河道治理及浊漳南源河道治理，强化漳河干流及主要支流沿岸煤化工企业水环境风险防控，减少河道水质污染，改善浊漳南源、浊漳西源、石子河、陶清河等支流水环境质量。

### 打造碧水长流、钟灵毓秀美沁河

山西积极探索建立沁河流域闸坝、水库联合调度机制，促进河流纵向连通，确保河流生态流量。实施太行山水土保持与矿山生态修复，重点保护沁河源头、张峰

沁河

水库、沁河出境区、丹河出境区等良好水体。提升晋城城区、高平等城镇生活污水处理能力，开展煤层气和煤化工行业水污染治理，深入推进沁河干流阳城、沁水县段生态修复及支流芦苇河、长河治理，建设河流人工湿地，有效改善入河水质。

## 打造丰美清亮、鸥鹭齐飞涑水河

山西依托大水网小浪底引黄工程，推进农业灌溉输水与河流生态补水相结合，确保涑水河干流河道生态用水，实现涑水河清水复流。加大流域工业和城镇生活污水治理及中水回用力度，实现污水资源化。保护白沙河

涞水河

等良好水体，重点治理涞水河下游，实施盐湖以及支流官道河生态保护与修复，开展姚暹渠综合整治，改善涑水河下游水质。

## 打造山水相映、绿韵清波大清河

山西加强唐河、沙河、青羊河上游水体保护，推进城头会泉域重点保护区建设。开展唐河、沙河干流河道治理、灵丘县大清河上游三河（县城段）生态修复综合治理。健全灵丘县城镇配套管网，推进灵丘县污水处理厂提标改造，开展沿河农村综合整治，严控污水直排入河。

大清河

## 打造清冽可鉴、各具神韵三晋明珠

山西以晋阳湖、漳泽湖、云竹湖、盐湖、伍姓湖“五湖”为重点，综合运用空间管控、水系连通、污染防治、生态修复等措施，维护全省良性循环的健康湖泊生态系统，推动河湖生态保护和产业发展深度融合，实现山水田园和城市宜居自然生态之美。通过河湖连通，增强湖水流动性，保持湖区天际线和山际线，加大晋阳古城遗址保护和文化挖掘力度，强化湖区自然生态景观与人文遗产交融，进一步加大水污染防治力度，改善湖区水质，打造“文景相依晋阳湖”。进一步加大水污染防治力度，改善湖区水质，做好湖（库）周边生态空间管控，打造“生态格致漳泽湖”。合理调整湖（库）岸开发规划，优化林草布局，加大湖（库）周边农村生活污水和面源污染治理，加强生物多样性保护，恢复自然生态湿地景观，打造“生态舒卷云竹湖”。实施“一湖四滩”系统规划和综合治理，加大水污染治理力度，扩大蓄水区域，形成以文化旅游为主体的产业体系，打造“色彩斑斓大盐湖”。再现舜乡如画明珠，以水污染防治为核心，强化河湖连通、上下游系统治理，提升伍姓湖水质，改善湿地生态景观，打造“湖波泮淼伍姓湖”。

运城市中心城区，蓝天白云与七彩盐湖交相辉映，美不胜收。

## 三、抢抓国家重大战略机遇，推动黄河流域高标准保护

山西地处黄河中游，是黄河文化和华夏文明的重要发祥地，是保障国家能源安全和粮食安全的重要区域，是拱卫京津冀和黄河生态安全的重要屏障，同时，山西也是黄河流域发展基础最薄弱、生态环境最脆弱、结构性矛盾最突出的地区之一。省第十二次党代会指出，山西要全力实施黄河流域生态保护和高质量发展战略，坚持把大保护作为关键任务，打好环境问题整治、深度节水控水、生态保护修复攻坚战，努力成为生态优先、绿色发展的重要实验区。

当前，山西按照习近平总书记关于黄河流域生态保护和高质量发展的重

·特别关注·

**加强源头管控　构筑水生态屏障**

正值盛夏，运城市稷山县汾河国家湿地公园内大片荷花绽放，美不胜收，吸引了不少游人前来观赏。登高远望，只见汾河河堤逶迤蜿蜒，湿地植被生机盎然。3年前，荷花塘项目作为一项重要生态修复工程，在稷山县汾河国家湿地公园落地，该项目在恢复湿地功能、提高生态效益的同时，也为稷山人民提供了一个休闲娱乐的好去处。

稷山县汾河国家湿地公园处于汾河入黄前的重要地段，占据极具重要的地理位置。近年来，稷山县依据山西汾河流域生态修复综合治理工程和创建黄河流域（运城段）生态保护和高质量发展示范区的定位，因地制宜，统筹资源，协调环保、水利、交通、林业、住建、农业农村等部门共同规划建设了稷山县汾河公园，使汾河两岸生态环境得到了综合提升。

要指示要求和山西省第十二次党代会的部署，深度融入黄河流域生态保护和高质量发展、京津冀协同发展等国家重大战略，统筹推进“提气降碳强生态、增水固土防风险”，促进黄河流域生态环境质量持续改善，提升黄河流域生态系统稳定性，守护黄河中游生态安澜，为推进黄河流域生态保护和高质量发展贡献山西力量、彰显山西担当。

## 系统推进黄河流域生态保护和高质量发展

**切实发挥规划战略引领作用。**落细落实国家《黄河流域生态保护和高质量发展规划纲要》及《山西省黄河流域生态保护和高质量发展规划》，科学确定山西黄河流域生态环境保护、生态经济发展和生态文明建设战略布局。勇担保护华北水塔职责，推动京津晋冀生态文明建设一体化，在生态文明建设领域率先深度融入京津冀协同发展战略。以吕梁山、太行山为生态保护修复主战场，推进生态退化地区综合治理和生态脆弱地区保护修复，构筑华北地区和黄河中游绿色生态屏障；以汾河、桑干河、漳河、滹沱河、沁河、涑水河、大清河“七河”及晋阳湖、漳泽湖、云竹湖、盐湖、伍姓湖“五湖”为河湖保护主战场，打造美丽河湖，构建良性循环的健康河湖水生态系统；以山西黄河流域为污染防治攻坚、生态经济发展和生态文明建设主战场，在一个战场同时打好三场战役。

**统筹谋划生态经济发展路径。**山西不断调整产业结构和偏煤的能源结构，加快形成节约资源和保护环境的空间格局、产业结构、生产方式和生活方式，以产业生态化和生态产业化为路径，构建生态经济体系。努力做到监管和服务相统一，让生态环境成为经济发展的内在要素和内生动力，推动农业绿色发展，改造传统产业，淘汰落后产能，服务培育战略性新兴产业，建设绿色低碳循环现代工业体系，将生产过程的绿色化、生态化作为实现生产活动结果绿色化的途径、约束和保障，以绿色发展反哺生态保护，促进金山银山向绿水青山转化。立足山西独特的生态资源禀赋和环境条件，探索绿水青山向金山银山的转化通道，推动生态要素向生产要素转变、生态财富向物质财富转变，实现生态资源保值增值。

**科学探索生态文明实践途径。**健全生态文化体系，培养全社会的生态文明意识，践行生态文明理念，健全生态文明法规政策体系，完善以治理体系和治理能力现代化、主体功能区制度、生态补偿机制、资源高效利用制度、绿色发展机制为主要内容的生态文明制度体系，系统推进新发展阶段生态文明建设。

## “三水统筹”提升黄河流域水生态环境质量

水是基础性自然资源和战略性经济资源。维护健康水生态，保障水安全，以水资源可持续利用保障经济和社会可持续发展，是关乎国计民生的大事。山西将继续以水环境质量提升为核心，深化“水资源、水环境、水生态”三水统筹，坚持污染减排与生态扩容两手发力，持续巩固提升全省水环境质量。

**提升水资源管控水平。**保障重点河流生态流量，逐步构建汾河等“七河”流域上下游、左右岸、干支流水质与水量联动考核机制。推动重点河流生态复流，全力推动汾河太原段九河生态复流、临汾市浍河生态复流，推动实施运城市涑水河–伍姓湖河湖贯通，逐步实现涑水河生态复流。打造太忻一体化经济区杨兴河、省综改区潇河生态廊道。推动区域再生水循环利用，鼓励基础好、积极性高的市申报国家区域再生水循环利用试点。提升饮用水水源保护水平，深化县级及以上饮用水水源保护区规范化建设，加强县级及以上地表水型饮用水水源保护区环境保护工作。

**深化水环境治理能力。**强化工业废水深度治理，加快推动省级及以上工业园区污水集中处理设施建设，推动工业企业厂区初期雨水收集处理不外排，积极推进化工园区废水循环利用实现零排放。补齐城镇生活污水收集处理能力短板，在城镇生活污水处理厂能力不足或已超过设计处理能力80%的地区实施新建或扩容工程，推动尚未完成A2/O工艺改造、未建设进水调节池、未实现深度分离、未实施双回路供电改造的城镇生活污水处理厂全面完成改造；巩固设区市建成区黑臭水体治理成果，加快推进县级城市建成区黑臭水体排查整治工作，为推动水污染防治奠定基础。

**推动水生态保护修复。**实施城镇污水处理厂尾水生态化治理，大力推进尾水带保温措施的人工潜流湿地建设，保障出水稳定达地表水Ⅲ类标准。推动打造生态化治理节点，通过在沟、渠、支流等入干流入河口处建设堤外人工湿地，解决农业面源污染。建设重要湖库消落带生态环状屏障，提升水质净化能力，发挥湖（库）城市雨洪水蓄积能力。强化河（湖）岸生态缓冲带修复，恢复湖库生态功能，保护生物多样性。

### 减污降碳同步发力，改善黄河流域空气质量

**加快推进碳达峰碳中和。**山西煤炭占一次性能源消费比重高达80%以上，其使用产生的二氧化碳是温室气

体排放最大来源，也是颗粒物、VOCs、重金属、酚、氨氮等大气、水、土壤污染物主要来源。为此，山西已制定二氧化碳排放达峰行动方案，明确二氧化碳排放达峰目标、重大行动、重点任务和保障措施，实施碳达峰山西行动。

**协同推进减污降碳**。促进减污降碳深度融合，协同实施二氧化碳和大气污染物减排政策措施，强化节能减排约束性指标管理。坚持系统谋划，着力解决结构性污染矛盾。统筹推进污染防治攻坚，加大重点区域、重点行业治理力度，完成22家钢铁联合企业、11家焦化企业和8家水泥企业超低排放改造，新增清洁取暖改造99.31万户，淘汰国三及以下标准营运柴油货车20309辆，开展挥发性有机物走航巡查，实施夏季臭氧削峰和秋冬季大气污染综合治理攻坚行动等，保证了环境空气质量持续向好。积极强化监测预警，按月确定空气质量改善目标任务，实行日分析、周调度、旬通报、月盘点的工作机制，采取提前减排措施，有效减少重污染天气。2021年全年山西黄河流域86县空气质量综合指数、PM2.5平均浓度同比分别下降10.8%、18.2%。

**加速能源清洁低碳转型**。完善能源消费总量和强度双控制度，强化节能审查，新建、改建、扩建新增煤炭消费的固定资产投资项目实施煤炭消费减量或等量替代。限制新增煤电项目，严禁焦化、钢铁、水泥等新增产能项目，审慎发展大型石油化工等高耗能项目。力争到2025年，京津冀及周边地区4市煤炭消费总量下降10%，汾渭平原4市实现煤炭消费负增长。

**加快交通运输结构转型。**继续推进货运方式绿色化转变，持续加大“公转铁”力度，支持年货运量150万吨以上的大型工矿企业及物流园区新（改、扩）建铁路专用线，简化铁路专用线接轨审核程序，完善铁路专用线共建共用机制。位于城市规划区的电力、钢铁、焦化等行业企业，进出厂区大宗物料全部采用铁路或管道、管状带式输送机等清洁方式运输，公路运输采用新能源车辆。

**提升城市扬尘污染防控水平。**精细化管控施工扬尘，全面推行绿色施工，对扬尘污染问题严重的项目责任单位实施联合惩戒。综合治理道路扬尘，加强煤矿企业厂区道路、厂区与周边道路连接路段的路面硬化。渣土车实施硬覆盖与全密闭运输，严格按规定路线行驶和倾倒。加大城市道路清扫保洁力度，提高清扫保洁机械化作业水平。持续开展城乡环境整治工程，严格监管露天矿山，加强裸地扬尘污染控制，及时清理各类土堆、砂堆、渣堆、料堆、垃圾堆。

**突出重点区域及关键时段防控。**强化区域协同治理，进一步加强京津冀及周边、汾渭平原大气污染防治联防联控，力争将大同、朔州、忻州3市纳入国家重点区域城市范畴，加强城市大气质量达标管理，争取到2025年，京津冀及周边区域4市细颗粒物浓度下降20%以上，臭氧浓度下降5%；汾渭平原区域4市细颗粒物浓度下降15%，臭氧浓度下降3%。

### 强化风险防控，守牢黄河流域环境安全底线

**加强土壤污染防治。**相较于水污染和空气污染，土壤污染具有隐蔽性、滞后性、累积性、地域性、长期性等特点，被称作“看不见的污染”。土壤污染一旦发生，治理修复的难度大、周期长、成本高。2021年，山西持续强化风险管控，大力推进净土保卫战，取得显著成效。347家土壤污染重点监管单位全部完成隐患排查，依法开展调查评估和治理修复。晋城市成功入选国家首批地下水污染防治试验区，忻州、阳泉2个国家地下水污染防治试点项目稳步推进。建立完善全口径产废单位和经营管理单位清单，全省6404家单位完成管理计划备案。持续抓好“一废一库一品”（危险废物、尾矿库、化学品）环境监管和风险防控，强化医疗废物、废水处理处置全过程环境监管，守牢疫情防控生态环境阵地。

**推进固体废物污染防治。**提升工业固体废物综合利用水平，研究出台综合利用相关标准和规范。布局资源综合利用项目，形成园区固体废物资源循环利用模式。逐步实施“以用定产”，倒逼企业强化综合利用。加大固体废物环境风险排查整治力度，强化重点行业企业工业固体废物（危险废物）处置场所的环境风险隐患排查，建立问题清单，强化问题整改。进一步加大历史遗留堆场整治力度。开展尾矿库环境风险隐患排查治理和环境风险评估，建立“一库一档”。推行生活垃圾分类管理和无害化处置，建设无废城市，严格执行《山西省城市生活垃圾分类管理规定》。建设垃圾焚烧设施，推进农村生活垃圾就地分类和资源化利用。

·知识链接·

无废城市：并不是不产生固体废物，也不意味着固体废物能完全资源化利用，而是指以新发展理念为引领，通过推动形成绿色发展方式和生活方式，持续推进固体废物源头减量和资源化利用，最大限度减少填埋量，将固体废物环境影响降至最低的城市发展模式。

**加强危险废物医疗废物收集处理。**实现危险废物闭环管理，建立较为完善的危险废物收集、利用、处置体系，合理布局全省危险废物集中处置设施资源，推进危险废物优先综合利用，鼓励新建园区和有条件的现有化工园区配套建设危险废物处置设施。加快医疗废物处置设施建设，推进全省医疗废物处置补短板项目建设。推动现有处置设施扩能提质，提升污染控制水平与自动化控制水平。鼓励各地依托县级医疗集团建立“村—乡—县”医疗废物分级分类收集体系，健全医疗废弃物收集转运处置体系。提升医疗废物应急处理能力。

**提升核与辐射安全水平**。加强辐射安全监管工作，强化核技术利用企业安全主体责任，开展核与辐射安全隐患排查工作，逐步实现对全省所有核技术利用单位的现场核查全覆盖。推进核与辐射应急演习实战化、规范化、科学化。强化对高风险移动放射源的监管。推进市县两级核与辐射监测能力建设。强化电磁辐射环境质量常规监测和电磁辐射设施监督性监测，完成大型电磁发射设施周边电磁环境调查和电磁辐射水平监测，开展移动通信基站监督性监测。推进放射性污染防治，继续实施城市放射性废物库安全改造和安保升级，持续强化废旧放射源、长期闲置放射源的收、送、贮工作，确保废旧放射源100%安全收贮。加强对伴生放射性矿开发利用企业的监管，强化监督性监测，对伴生放射性废渣处置进行核查，督促相关企业加强周边辐射环境监测和流出物监测。

**系统提升水旱灾害防御能力**。在深入推动黄河流域生态保护和高质量发展座谈会上，习近平总书记强调，要立足防大汛、抗大灾，针对防汛救灾暴露出的薄弱环节，迅速查漏补缺，补好灾害预警监测短板，补好防灾基础设施短板。山西省第十二次党代会提出，要统筹推进全省特别是黄河流域堤防建设、水库除险加固、河道整治、滩区治理等重大工程。山西统筹发展和安全，在汾河等“七河”综合整治中，把防洪保安作为重中之重，持续实施了病险水库、淤地坝除险加固，堤防建设，河道综合整治等一系列重点工程。特别是在2021年应对有气象记录以来的最强秋汛中，积极做好流域水库群联合调度；精准预判，科学制定工程抢护方案，成功处置多起险情，有效应对了汾河流域50年以来最大洪水，全省水库、淤地坝无一垮坝，有力保障了人民群众生命财产安全。

治水为民，兴水惠民。山西将把治理项目实施与有效提升防洪能力、强化灾害应对体系和能力建设结合起来，全面排查安全隐患，强化风险评估，统筹运用救灾资金，建立修复清单，确保按期完成灾后恢复重建各项任务。此外，抓紧编制出台省级洪水防御方案、防洪规划，提升全省重要河道防洪能力。通过综合整治，在全省形成以流域河流为单元、河流堤防为基础、重要水库为骨干、分洪蓄滞洪区为依托的较为系统的防灾减灾工程体系。同时，时刻警惕旱涝急转、旱涝交替发生，做好旱情预测预报、抗旱应急水源保障，为粮食丰产提供有力支撑。

第三章

# 蓝天白云水土好

## ——如何坚决打好污染防治攻坚战？

2022年春节期间，“中国红”遇上“山西蓝”，三晋大地的天空展现出不同以往的“好颜色”。为守护良好的生态环境，山西生态环境系统的工作人员坚守一线，确保全省生态环境质量持续全面向好。根据数据统计，从除夕至初六，山西环境空气质量综合指数为3.37，同比下降37.6%，PM2.5平均浓度为33微克/立方米，同比下降49.2%，是近年同期空气质量最好的一年。不少媒体和网友发文晒图。“在蓝天白云的映衬下，处处都是美景，就连年味都比以往更清新。”一张张照片、一句句评论透着人们的满足与骄傲，也彰显着人民群众对于蓝天白云的欣喜与期待，“山西蓝”正成为绿色山西的又一张幸福名片。

习近平总书记指出，要深入打好污染防治攻坚战，集中攻克老百姓身边的突出生态环境问题，让老百姓实实在在感受到生态环境质量在改善。良好生态环境是高质量发展的应有之义，是建设美丽中国的绿色底色，也是实现中华民族伟大复兴中国梦的内在要求。2021年以来，山西紧紧围绕全方位推动高质量发展目标要求，深化“大环境”主业，统筹“全生态”治理，协同推进减污降碳，深入打好污染防治攻坚战。三晋大地上，“绿水青山就是金山银山”理念越来越深入人心。人民群众的生态环境获得感和幸福感越来越强，人与自然和谐相处的动人画面频频出现。

## 一、精准发力，实现“蓝天常驻”

2021年，山西PM2.5年均浓度首次降至“30+”，达到38.55微克/立方米，同比下降15.2%，创“十三五”时期以来最大改善幅度；环境空气质量综合指数首次进入“4+”，达到4.60，同比下降11.5%；重污染天数比例首次低至“千分位数”，为0.5%，平均每市仅为2天，平均每市同比减少6天。特别是10月至12月，11市仅出现了2个重污染天，向“十四五”基本消除重污染天目标大幅迈进。

蓝天白云下的太原市万柏林区

·知识链接·

“2+26”：京津冀大气污染传输通道城市。2是北京市、天津市；26是河北省石家庄、唐山、廊坊、保定、沧州、衡水、邢台、邯郸市，山西省太原、阳泉、长治、晋城市，山东省济南、淄博、济宁、德州、聊城、滨州、菏泽市，河南省郑州、开封、安阳、鹤壁、新乡、焦作、濮阳市，含河北雄安新区、辛集市、定州市，河南巩义市、兰考县、滑县、长垣县、郑州航空港区。

“1+30”：山西以太原市全市域为“1”，周边的忻州、阳泉、晋中、吕梁、临汾、运城6市30个连片大气污染严重的县（市、区）划定为省级大气污染联防联控重点区域。

## 深化区域联防联控

2021年，山西以“2+26”城市太原、阳泉、长治、晋城和汾渭平原吕梁、晋中、临汾、运城和太原及周边“1+30”区域为重点，以联防联控为手段，深化太原及周边区域生态环境一体化发展，完善太原及周边区域大气污染联防联控机制，深化应急联动，突出常态化协同，开展跨区域交叉执法、点对点精准指导。坚持本地治污与区域联防相协同，产业选择与城市功能定位相吻合，产业规模与环境承载能力相适应。以绿色奥运为目标，全面落实国家下达的北京冬奥会和冬残奥会空气质量保障任务。制定山西省空气质量保障区域联防联控方案，以大同、朔州为重点管控区，开展分区分时段治理，率先全面完成工业、散煤、重型柴油车治理任务。

## 强化多污染物协同控制

山西大力推进挥发性有机物和氮氧化物协同减排，

突出重点行业、重点企业和重点环节，以细颗粒物和臭氧协同控制为目标，以挥发性有机物VOCs和氮氧化物NOx协同减排为支撑，安全高效推进挥发性有机物综合治理。深入开展秋冬季大气污染综合治理攻坚行动，落实秋冬季高排放行业差异化错峰生产，修订重点行业重污染天气绩效分级分类管控清单，强化差异化和精准管控；坚持提前预警、提前应对、定点帮扶、区域联防、突击执法、驻点监督、协商减排、每日调度机制，努力减少重污染过程发生次数，缩短污染时长，减轻污染程度。

·知识链接·

挥发性有机物：常用VOCs表示，它是Volatile Organic Compounds的缩写。VOCs是臭氧形成的主要前体物之一，部分VOCs本身具有毒性、异味等性质，会对自然环境和人体健康产生不利影响。2022年1月国务院发布《“十四五”节能减排综合工作方案》，明确提出实施挥发性有机物综合整治工程，指出到2025年全国挥发性有机物排放总量比2020年下降10%以上。

### 加快推进重点行业深度治理

山西全面完成钢铁联合企业超低排放改造，启动独立焦化企业和水泥企业超低排放改造，对有组织和无组织治理及清洁运输等环节开展全过程、高标准、系统化整治，并因企制宜建设完善无组织排放监控系统。深入推进重点行业清洁生产，以能源、冶金、焦化、建材、有色、化工、工业涂装、包装印刷等行业为重点，实施强制性清洁生产审核，对企业实施清洁生产重点技术改造项目和自愿节约资源、削减污染物排放量协议中载明的技术改造项目，给予资金和政策支持。实施工业企业环境治理、管理对标提升工程，分行业筛选并公布一批绿色示范企业，引导企业在环境治理、管理方面对标先进，实施全流程、系统化、精细化治理和管理，带动全行业环境治理和管理水平提升。

### 开展散煤清洁替代

2021年，山西全面巩固现有清洁取暖成果，组织开展清洁取暖“回头看”，全面评估清洁取暖工作，制定可持续运营方案。推动大同、朔州、忻州3市平原地区、川区谷地散煤基本清零，农村地区清洁取暖覆盖率达60%以上，其他市农村地区清洁取暖覆盖率达70%以上。推动清洁取暖与城乡基础设施建设和乡村振兴工作有机结合，优先采取热电联产、独立供热锅炉房等热源供热，鼓励采用分布式供暖方式。因地制宜稳妥推进“煤改气”工作，以生物质为燃料的取暖设施须符合节能、环保相关要求，做好清洁取暖补贴政策延续和宣传，防止补贴退坡导致散煤复烧。坚决杜绝

·特别关注·

**清洁供暖入农家**

朔州市朔城区下团堡乡武家庄村新安装的空气源热泵机组产生的热能通过管网输送到每家每户，实现了整村集中供热，清洁取暖，在极寒天气下也能保证村民温暖过冬。右玉县马营河村，基于大部分村民屋顶已经安装光伏发电板的优势，采用了太阳能光伏+空气能热泵的供暖模式，家家户户都安装了空气源热泵热风机、电热炕、保温窗帘，进一步提升了供暖效果。

朔州市取暖用户共计75.92万户，已完成清洁取暖53.58万户，剩余22.34万户。2021年—2023年改造完成后，朔州全域将实现清洁取暖全覆盖，城区、县城和农村清洁取暖率均达100%，全市每年能耗预计可降低70万吨标准煤，总体可实现减排二氧化碳182万吨、二氧化硫5300吨、氮氧化物8700吨、粉尘750吨。

"一刀切"，在清洁取暖工程不到位的情况下，不简单拆除群众取暖设施、清缴采暖用煤，确保群众温暖过冬，对清洁取暖改造已完成的区域，严格实行"禁煤区"散煤禁烧管控。

## 持续优化运输结构

山西进一步扩大干线铁路运能供给，全面推进煤炭(焦炭)、钢铁、电力、水泥、煤化工等大型工矿区企业以及大型物流园区、交易集散基地新建或改扩建铁路专用线。优化铁路运输组织，优先保障煤炭、焦炭、矿石、钢铁等大宗货物运力供给，完善铁路专用线共建共用机制。大力推广新能源车辆，开展城市绿色货运配送

· 特别关注 ·

**智慧环保出新招**

汾阳市智慧环保数字中心通过环境空气质量和水环境质量自动监测服务，河道、污染源、机动车尾气遥感和视频监控服务，能力建设服务，分析咨询与运维服务以及智慧环保综合管理与分析应用平台九大模块，打造空天地一体化环境感知监测物联网系统，实现对空气、水质、道路扬尘、秸秆焚烧、工况等各项环境数据、视频监控的采集接入。

示范工程建设。初步建成“天地车人”一体化机动车排放监控系统，重点用车单位要规范建设视频门禁系统，并与设区市生态环境部门联网。加快推进重型柴油车升级，自2021年7月1日起，山西全面实施重型柴油车国六排放标准，2021年底完成国家下达的淘汰目标任务。

## 开展城市降尘整治

· 知识链接 ·

建筑施工扬尘整治“六个百分百”标准：施工区域100%围挡，裸土及物料堆放100%覆盖，施工场地100%洒水清扫，出入车辆100%冲洗，施工道路100%硬化，渣土车辆100%密闭运输。

山西进一步提高城市建成区绿化覆盖率，严格落实建筑施工扬尘整治“六个百分之百”标准，推行“阳光施工”“阳光运输”。依法整治渣土运输车辆，严查未按规定时间和路线行驶、沿途抛洒、随意倾倒等违法行为，关停设区市城市规划区范围内的各类露天矿，并对遗留场地进行生态修复或采取抑尘措施，根据城市发展和环境整治需要扩大实施范围。持续开展城乡环境综合整治工程，由城市主街道向背街小巷和街区内部延伸，由城市中心区向城乡接合部延伸，及时清理各类土堆、砂堆、渣堆、料堆、垃圾堆。定期通报降尘量监测结果，对降尘量最高值高于9吨/月·平方公里的市县开展降尘专项整治。

## 二、系统治理，实现“绿水长清”

山西始终统筹考虑水资源、水环境、水生态、水安全，坚持问题导向、目标导向、精准治污，打好碧水保卫战。2021年，山西94个地表水国考断面中，水质优良（Ⅰ～Ⅲ类）断面68个，优良水体比例达到72.3%，同比上升2.1个百分点（增加2个断面），超额完成“十四五”国家考核任务。汾河流域在2020年6月全面消除劣Ⅴ类的基础上，2021年21个国考断面全部提升到Ⅳ类及以上水质，稳定实现“一泓清水入黄河”。沁河、丹河、滹沱河、清漳河、浊漳河、唐河、沙河出境水质稳定保持Ⅱ类水质。

### 全面加强水资源管控

山西实施生态流量管理，以汾河、桑干河等“七河”为重点，研究制定生态流量保障实施方案，将生态用水纳入水资源日常运行调度计划，保障河流生态流量。加强水资源约束，大力推进城镇节水降损，黄河流域县(市、区)率先创建节水型社会，大力推进工业节水，推动高耗水企业加强废水深度处理和达标再利用，推行水循环梯级利用，大力推进农业节水，提高农业用水效率。促进城市再生水利用，完善再生水利用设施，积极创新机制，城市再生水优先用于工业生产、城市绿化、市政杂用以及河湖景观用水。推动工业雨水资源化利用，强化工业厂区初期雨水收集治理回用，推进厂区管网雨污分流改造，工业雨水排口实施非汛期封堵，推进园区雨水资源化利用试点。加强地下水综合治理，对地下水超采地区的取水申请严控审批，对合理的新增生活用水、通过水权转让获得取用水指标的项目严格进行水资源论证。

·特别关注·

**水污染治理见成效**

山西坚持污染减排与生态扩容两手同时发力，扎实推进93项省级水污染防治重点工程和10项水污染防治管控措施。全面溯源推进环境基础设施补短板，新建成7个工业园区和23个建制镇污水集中处理设施，新开工建设636个农村生活污水处理设施。启动黄河流域水生态环境建设，开展临汾市浍河及汾河太原段玉门河、虎峪河、九院沙河生态复流前期工作。推动50个饮用水水源保护区划定，汾河水库饮用水水源地水质达Ⅰ类标准。2021年，全省94个地表水国控断面中优良水质断面68个，汾河水质持续大幅度改善。

## 实施水污染综合治理工程

山西加快补齐生活污水处理能力短板，对城镇生活污水处理能力不足或接近满负荷的污水处理厂实施新建、扩容工程，抓好全省32个万人镇和汾河流域63个建制镇污水处理设施建设。完善管网建设，推进雨污合流制排水管网改造，2021年，太原市城区雨污合流制排水管网全部完成改造，沿黄及汾河流域县城城区改造完成剩余量的50%以上。加快污水管网混错接改造、管网更新、破损修复改造等工程进度，实施清污分流，全省生活污水集中收集效能显著提高。强化城镇污水处理厂运行监督管理，对城镇污水处理厂完成保(提)温提效改造，加强汛期排水管控，最大限度减少汛期雨水携带生活污水直排入河。深化黑臭水体整治，严防水质反弹，抓好汛前沟渠、池塘等黑臭水体清理工作，及时清空积存黑臭水体，确保长治久清。加强工业企业排水监管，持续推进城市产业布局优化和升级替代，加快推进工业企业“退城入园”，加强工业集聚区污水处理能力建设。全力推进农村生活污水治理，优先治理水源地保护区、黑臭水体集中区域、乡镇政府所在地、中心村、城乡接合部、旅游风景区、重点河流沿岸等 7 类村庄的生活污水，健全农村污水处理设施运行管护机制，强化设施监管。

## 全面实施水生态保护修复

山西积极推动水生态保护治理，以汾河、沁河、涑水河等重点流域为试点，率先实施城镇污水处理厂中水生态处理，在污水处理厂排放口因地制宜建设小型人工潜流湿地工程。强化河岸缓冲带建设，沿河(湖、库)两岸建设植被缓冲带和隔离带，汾河及入黄主要支流城市实施植树种草增绿，保护水域及其岸线空间。加强河流水系综合整治，持续开展“清河行动”，全面清理河道内垃圾等废弃物，对影响河流水质的底淤进行清理。开展湿地保护治理，阳曲县杨兴河、介休市磁窑河等主要支流积极建设人工湿地，进一步削减面源污染，提升河流水质。因地制宜选择栽种亲水、耐湿植物，逐步恢复河流水生植被，探索恢复土著鱼类和水生植物，加大河流源

汾河景区持续提质改造，成为景观化的生态文化、娱乐、健身长廊。图为汾河景区胜利桥码头，游客们泛舟汾河。

头等良好水体保护力度，加强小流域综合治理，实施植树种草、封育保护，涵养水源，逐步建设一批美丽河湖，恢复水清岸绿的水生态系统。

## 完善水管理制度体系

山西探索建立入河排污口监督管理机制，完善排污许可分类管理，实现工业固定污染源全覆盖，涉水排污单位实施按证排污、按证监管，按照国家黄河流域入河排污口排查整治要求，深化入河排污口“查、测、溯、治”，监测结果每月向社会公开。对水环境承载能力不

白鹭是国家二级保护动物，被称为生态环境的“监测鸟”，享有“环保鸟”的美誉。随着太原汾河生态环境质量逐步提升，每逢初冬，白鹭便应季而至，一年比一年多。

足的地区，严格控制入河排污总量，加大减排力度，促进水质达标。探索建立权责清晰、监控到位、管理规范的入河排污口监管体系，逐步形成以入河排污口为核心、排污单位—入河排污口—水质断面“三位一体”的管控体系。建立城镇污水处理厂提质增效激励机制，对城镇污水处理厂在达标排放基础上出水主要污染物指标明显优于省污水综合排放标准的进行奖励，提升城镇污水处理厂运行效能。强化水生态环境监测能力建设，整合优化现有监测监控体系，完善河流水质自动监测站建设，完善重点污染源自动监控网络，加快构建数据融合平台，提高水生态环境监管成效。

### 强化水风险防控

2021年，山西全面提升饮用水水源保护水平，开展县级及以上集中式饮用水水源环境状况评估，加快问题整改。全面实施乡镇级集中式饮用水水源保护区划定工作，对全省“千吨万人”饮用水水源地按季度开展监测。推进已划定饮用水水源保护区标志牌设置、水质监测监控、违法建设项目及排污口整治等规范化建设。全面排查影响农村饮用水水源地安全的工业企业、种养大户、垃圾堆放等环境风险源，对饮用水水源水质不达标的农村供水工程，确保农村饮用水安全。强化工业企业风险管控，开展重点流域及主要沿黄支流焦化、化工、制药、金属矿采选等行业水污染风险隐患排查整治，督导规范企业水环境防控体系建设。加大园区外分散企业环境监管力度，严防汛期工业废水、雨水混排，加强重点流域应急防控。

## 三、风险管控，实现“黄土复净”

胜非其难也，持之者其难也。山西紧紧围绕全方位推动高质量发展目标要求，强化风险管控，加强农业面源综合治理、管好建设用地和设施农业用地、全面治理固体废弃物污染、加快国家大宗固废综合利用基地建设，扎实推进土壤污染风险管控工作，土壤安全得到全力保障，“黄土复净”成效显著。

### 加强农业面源综合治理

山西严格监管规模养殖排污，规范畜禽养殖禁养区划定管理，2021年完成698个规模养殖场粪污处理设施建设任务，积极推进畜禽粪污处理整县推进项目实施，开展国家畜禽养殖标准化示范场创建。积极推进畜禽粪污资源化利用，探索低成本、低风险的畜禽粪肥还田利用模式，实现畜禽粪污由“治”向“用”转变，畜禽粪污综合利用率达78%以上。全面提高农田截污降污水平，积极调整种植业结构，发展特色高效农业，以氮、磷等主要污染物超标的地区为重点，重点采取测土配方施肥、有机肥替代部分化肥、新型肥料施用等措施，实施化肥减量行动，围绕重点作物建设农药减量增效示范基地，推广理化诱控、生物防治等病虫害绿色防控技术，促进化学农药使用量负增长。积极推动白色污染治理，开展农村农药化肥包装废弃物回收处理试点，加强农村市场监管，推广普及标准地膜。加强农用薄膜使用、回收监督管理工作，建立健全农用薄膜回收利用体系，开展农田地膜残留监测及废旧农膜清理整治行动。

### 管好建设用地

注重城乡绿地的系统性、协同性，构建绿道网络，实现城乡绿地连接贯通。尊重自然规律，力戒“一夜成林”、天然大树进城、大型旱喷、大面积硬质铺装等急功近利和片面追求景观化行为，严禁脱离实际、铺张浪费、劳民伤财搞绿化的形象工程。加大城市公园体系建设力度，积极开展小微绿地建设，加大公园绿地服务半径；居住区应建设不低于用地总面积10%的集中防灾避险绿地；推行城市道路十字路口“四分之一”法则，至少在一个拐角建设街头绿地；加大城市林荫道路建设力度，鼓励人行道种植双排浓荫型乔木；积极打造城乡滨水生态驳岸，因势利导改造“三面光”渠化河道。坚持多树种绿化，提倡乔灌草合理科学配置，降低单一树种占比，严格限制建设高耗水单一草坪植被。鼓励乡村“四旁”（水旁、路旁、村旁、宅旁）和庭院种植乡土珍贵树种草种，因地制宜发展用材林、木本粮油、经济果木、打草场等富民产业，推动生态、经济协同发展，建设生态宜居美丽乡村。

### 管好设施农业用地

在分类明确设施农业用地范围方面，严禁扩大设施农业用地范围，以农业为依托的休闲观光度假场所，各类庄园、酒庄、农家乐，各类农业园区中涉及餐饮、住宿、会议、工厂化农产品加工、科研、展销的用地，屠宰和肉类加工场所、病死动物专业集中无害化处理厂等，不得纳入设施农业用地范围。严禁以设施农业名义变相搞非农建设，严禁以设施农业名义搞“大棚房”建设。在合理确定农业设施用地规模方面，直接用于种植、养殖的生产设施用地规模，按照节约资源、集约用地原则，根据生产需要和用地标准合理确定。在规范设施农业用地管理方面，坚持耕地保护和节约用地原则，在符合国土空间规划、农业发展规划、村庄规划的前提下，科学布局设施农业用地选址，鼓励集中建设公用辅助设施，对于破坏耕作层的种植、养殖设施用地要尽量利用荒山、荒沟、荒丘、荒滩和农村集体建设用地，不占或少占耕地。在加强设施农业用地监管方面，省级自然资源部门和农业农村部门要充分利用信息化技术手段加强对山西设施农业用地监管，对存在的问题，依法依规督促进行限期整改。

·特别关注·

**工业固废综合利用**

作为工信部确定的首批全国12个工业固废综合利用示范基地和区域工业绿色转型发展试点城市之一，近年来，朔州市持续推进煤电资源型经济转型发展，依托煤炭生产过程中伴生的煤系高岭土资源，大力发展包括陶瓷产业在内的固废综合利用产业。目前，朔州市已建成神电固废综合利用工业园、平鲁区北坪循环经济园、怀仁宏力再生工业园等特色固废工业园区，初步形成了以煤矸石发电、煤矸石制材料、粉煤灰综合利用、脱硫石膏综合利用为主体的四大固废综合利用产业集群。朔州的产业结构也由以煤为主、以黑为主，转变为黑白协同发展、多元发展。

## 全面治理固体废物污染

山西积极推进矿山、电力、冶金等行业企业采用先进的生产工艺和设备，减少尾矿、煤矸石等工业固体废物的产生量和贮存量。鼓励产生工业固体废物的单位规划建设资源综合利用设施，开展工业固体废物资源综合利用评价，推动企业开展工业固体废物综合利用。建立建筑垃圾全过程管理制度，规划建设建筑垃圾处置设施、场所，规范建筑垃圾产生、收集、贮存、运输、利用、处置行为，保障处置安全，防止污染环境。鼓励秸秆还田和以秸秆为原料的沼气、燃料乙醇、发电、饲料、食用菌等产业发展，支持对农业生产过程中产生的固体废物进行综合利用。

### 加快国家大宗固废综合利用基地建设

2021年，山西新增阳泉、吕梁、河津、保德4个市（县）大宗固废综合利用示范基地和4家大宗固废综合利用骨干企业，推动资源综合利用产业节能降碳，助力实现碳达峰碳中和。统筹推进示范建设任务，创新大宗固废综合利用模式，选用先进技术设备，加强信息化管理，提升市场竞争力。强化节能降碳示范引领，优先使用可再生能源，优化生产工艺流程，开展节能改造，选用高效节能技术设备，回收利用余压余热余能，提高能效水平，发挥大宗固废综合利用替代天然资源的协同降碳作用，形成利废建材行业降碳示范效应。

第四章

# 表里山河谋发展

——如何打通绿水青山与金山银山双向转化通道？

不负绿水青山，方得金山银山。山西广袤的黄土地上，一座座山川披上绿装。山西省忻州市岢岚县发挥沙棘资源优势，成功打造出一条“种植沙棘—改善生态—发展生产—农民增收”良性发展的循环产业链条，全县人工和野生沙棘林共49万余亩，真正实现“绿色”红利，是山西打通绿水青山与金山银山双向转化通道的生动实践。

习近平总书记五年三次考察调研山西，都对绿色低碳经济发展提出了明确要求，强调要牢固树立绿水青山就是金山银山的理念，把加强流域生态环境保护与推进能源革命、推行绿色生产生活方式、推动经济转型发展统筹起来。

近年来，山西牢记习近平总书记嘱托，坚决扛起时代使命，转变经济发展方式，推动生态文明建设，坚持生态产业化。积极探索生态产业价值实现路径，促进自然资本增值，推动生态资源在开发中得到更好保护，将绿水青山转化为金山银山，变成民众致富增收的靠山。

## 一、以特色优质为宗旨，构建环境友好型农业体系

环境友好型农业生产体系是以循环农业为中心的清洁农业生产体系，包括减量使用农药、化肥和地膜，改进种植养殖技术，发展农业生态工程、健康养殖工程、废弃物循环再利用工程，进而实现农业生产无害化和农业废弃物的资源化。

### 培育优质绿色农产品

**发挥绿色优质农产品作用。**山西推动农业“特”“优”发展，狠抓质量兴农、绿色兴农、品牌强农，坚持“管源头、管过程、管产品、管标准、管能力、管本质”，充分发挥绿色优质农产品在品种培优、品质提升、品牌打造和标准化生产中的重要作用，延伸产业链条，提升品牌价值，完善监管追溯，深入推动农产品绿色化、特色化、品牌化、规模化，不断提高农产品的经济效益、社会效益和生态效益。

**确保农产品产地环境良好。**产地环境是农产品生产的先决条件和基本保证。2021年，为摸清绿色优质农产品生产环境，山西深入所有申报绿色有机农产品的企

业的生产基地进行质量把关，按照绿色有机农产品标准进行产地环境评价，全年共完成485家企业273万亩生产基地环境评价，比2016年增加443%，确保产地环境优良、基础条件可控。

**严格绿色农产品全过程管理。**选派绿色食品检查员、有机检查员完成企业现场检查指导，对种子（种苗）来源及处理、作物栽培、土壤管理及培肥、病虫草害防治、收获及采后处理、包装储运、企业废弃物处理及环境保护措施、质量管理体系运行情况和风险评估情况进行检查，并审核确定山西水塔醋业股份有限公司等55家企业成为全省首批农产品质量安全追溯示范单位。

**推动绿色农产品标准化建设。**2021年，山西征集省级农业地方标准制修订项目申请216项，已发布45项。认真复核《西北地区绿色食品春播谷子生产操作规程》等5个部级技术规程的标准文本及辅助材料，圆满完成首次承担的部级标准研制工作，为全省绿色优质农产品标准化发展奠定了基础。

**强化绿色农产品体系队伍能力建设。**山西以提升绿色优质农产品认证审查和监管能力、推动企业合规生产和内部有效监督为目标，强化体系队伍能力建设。从管

大同市灵丘县上沿河村有机珍稀食药用菌栽培示范基地

源头、管过程、管产品到管标准、管能力、管本质，山西建立起了护航绿色发展的好机制，打开了绿色农业快速上升的通道。

## 建设绿色农业品牌

品牌是“特”“优”农业的未来，是绿色农业的高地。山西始终高度重视品牌培育工作，以提升品牌价值为主要抓手之一，激励企业发展高质量绿色农业。

山西采取“北上”“东进”“南下”策略，大力实施“农产品走出去、大企业引进来”战略，聚力打造绿色有机农产品公共品牌和山西小米、大同黄花、吉县苹果等区域品牌，强力建设国家和省级示范基地。通过加

·知识链接·

山西小米：山西被誉为“小杂粮王国”，小米尤为著名。山西是小米的故乡，山西夏县西阴村的古代遗存中就发现了距今约5万年的谷粒化石。现在，山西多地是中国优质小米的核心产区，建立了“山西小米”品牌，长治“沁州黄”、广灵“东方亮”、阳曲“朱砂红”等小米较为知名。

大同黄花：黄花又名忘忧草、金针菜，与蘑菇、木耳并称“素食三珍”，有“莫道农家无宝玉，遍地黄花是金针”的赞美诗句。大同市云州区是闻名全国的“黄花之乡”，有600多年的黄花种植史，且其黄花品质非常高。大同黄花入选中国农业品牌目录。

吉县苹果：吉县是农业部划定的苹果最佳优生区，苹果区域公用品牌价值高达15.59亿元。吉县苹果先后获得首届中国农博会苹果类唯一金奖、“中华名果”、北京国际博览会金奖、“中国顶级优质苹果”、“全国绿色农业十佳地标品牌”等多项殊荣，吉县也被评为“中国苹果之乡”“国家级食品农产品质量安全示范区”。

强市场对接、促进交流合作等方式，多渠道整合品牌资源，强力塑造了山西绿色优质农产品精品形象，助力全省特色农产品走进粤港澳大湾区、长三角、京津冀等高端市场，带动了山西农产品高质量绿色发展再上新台阶。山西致力于建设农产品质量安全信用体系，通过提高生产经营者的诚信意识和信用水平，提升农产品质量安全监管效能和提振消费者信心，为提升品牌价值提供背书。在绿色优质农产品产业的驱动下，山西绿色农业乘势而上，开启了发展新局面。

### 构建环境友好型农业生产体系

山西化肥、农药施用量连续四年负增长，畜禽粪污综合利用率达77%，农膜回收率达80%以上，秸秆综合利用率达91%，四项指标均好于全国平均水平。在农业农村部公布的《2021年全国农业绿色发展典型案例名单》中，山西两个区县入选，其中运城市万荣县入选原因是“完善农业绿色发展支撑体系，推进农业生产方式绿色转型”，晋城市高平市入选原因是“发挥新型经营主体作用，绿色种养走出产业致富路”。这两个国家级绿色农业发展典型案例，是山西农业绿色转型发展的缩影，是山西对生态文明和经济效益两手齐抓的例证，是山西践行农业领域“两山”理论的探索。《山西省“十四五”“两山七河一流域”生态保护和生态文明建设、生态经济发展规划》提出了发展生态经济的五条措施，其中第一条就是“以特色优质为宗旨，构建环境友好型农业体系”，山西计划在“十四五”期间每年建设10—20个高标准农药减量增效示范基地；推进养殖业清洁发展，促进林果产业健康发展。未来，山西将持之以恒，让农业更兴旺、农村更美丽、农民更富裕。

## 二、以优布局调结构为重点，构建绿色低碳工业体系

2021年12月，工信部公布《“十四五”工业绿色发

朔州市右玉县形成包含种植、养殖、加工的绿色农业体系。图为满目苍翠的松涛园。

展规划》，指明“十四五”期间工业绿色发展的总体思路，明确了碳排放强度持续下降、污染物排放强度显著下降、能源效率稳步提升等发展目标和具体工作安排。作为国家的老工业基地之一，绿色转型既是山西要扛起的历史使命，也是山西实现经济高质量发展的重要机遇，在“双碳”背景下以工业转型推动山西绿色低碳发展、高质量发展，意义重大。

### 推进能源革命综合改革试点

习近平总书记强调，富煤贫油少气是我国国情，要夯实国内能源生产基础，保障煤炭供应安全，统筹抓好煤炭清洁低碳发展、多元化利用、综合储运这篇大文章，加快绿色低碳技术攻关，持续推动产业结构优化升级。

2021年，山西加快推动六大板块49项年度任务落地，扎实推进25项年度重大引领示范项目建设。深入开展能源互联网试点，在太原建设省域能源互联网中心和能源互联网研究院。推动非常规天然气增储上产，非常规天然气产量达95亿立方米。稳步推进天然气管网项目建设，全省累计里程达到8870余千米。有序布局风力、光伏发电项目，全省新能源和可再生能源装机占比达34.3%。垣曲、浑源抽水蓄能电站建设稳步推进，河津、蒲县2个项目已列入国家规划重点实施项目。推进首批15个“新能源+储能”试点示范项目建设，促进新能源消纳。开展地热能高质量发展规划和制度性文件编制工作，推进氢能、甲醇、生物质能等清洁能源发展。全力推进电力现货市场试点建设，统筹构建“中长期+现货+辅助服务”有效衔接的电力市场试点。

山西坚定扛起保障国家能源安全的重大使命，创新思路、先立后破、通篇谋划，夯实煤炭、煤电兜底保障基础，统筹抓好煤炭清洁低碳发展、多元化利用、综合储运这篇大文章，加快煤矿产能核增手续办理，积极布局矿井产能接续项目，大力推动煤电机组节能降碳改

大同新研氢能源科技有限公司致力于推动氢能和燃料电池产业发展，是山西拥有先进自主知识产权金属板燃料电池电堆自动化生产线的企业。

造、灵活性改造、供热改造“三改联动”，实施重点行业能效提升行动，积极有序发展风能、太阳能、生物质能、地热能、氢能等新能源，扎实推进抽水蓄能电站、干熄焦发电、汇集站等重点项目和特高压及外送通道电网工程，推动传统能源和新能源清洁能源优化组合，提升能源安全可靠供应能力。

### 打造绿色制造体系

绿色制造是将低碳环保的生态理念融入工业生产全产业链、产品全生命周期的制造理念。绿色制造体系的主要工作包括：绿色工厂、绿色设计产品、绿色园区和绿色供应链的建设。绿色制造体系在纵向上包含绿色产品的设计、产品的生产加工，以及产品的供应链建设，而在横向上，则将工厂、产业链及整个园区有机地衔接在一起。

**创建绿色工厂**。山西开展以企业生产过程绿色化为核心的绿色工厂创建活动，推进企业实施绿色战略、绿色标准、绿色管理和绿色生产，开展绿色企业文化建设，提升绿色竞争力。积极引导企业建立绿色管理体系，推进企业优化制造流程。在工信部公布的《2021年度绿色工厂名单》中，山西中升钢铁有限公司、临汾山水水泥有限公司、大同丰林德石墨新材料股份有限公司等25家山西工厂通过层层评估认定，当选为年度绿色工厂，为山西制造业绿色发展

·知识链接·

绿色工厂、绿色产品、绿色园区、绿色供应链作为绿色制造体系建设的主要内容，在建设中各有侧重，协同推进。

绿色工厂：制造业的生产单元，是绿色制造的实施主体，属于绿色制造体系的核心支撑单元，侧重于生产过程的绿色化。

绿色产品：以绿色制造实现供给侧结构性改革的最终体现，侧重于产品全生命周期的绿色化。

绿色园区：突出绿色理念和要求的生产企业和基础设施集聚的平台，侧重于园区内工厂之间的统筹管理和协同链接。

绿色供应链：绿色制造理论与供应链管理技术结合的产物，侧重于供应链节点上企业的协调与协作。

起到了示范作用。

**推广绿色设计产品**。山西按照产品全生命周期绿色管理理念，开发推广绿色设计产品。积极组织复合肥料、烧结钕铁硼永磁材料、卫生陶瓷、砌块、陶瓷砖砌块、家用洗涤剂等产品申报国家绿色设计产品。做好绿色设计产品市场推广工作，提升绿色设计产品供给能力和市场影响力。工信部评选的2021年度绿色设计产品中，山西工业产品符合绿色设计产品标准的就有27种。

**完善绿色园区建设**。山西开展以资源节约型、环境友好型为核心内容的绿色园区创建活动，推动园区绿色化，在园区规划、空间布局、产业链设计、能源利用、资源利用、基础设施、生态环境、运行管理等方面贯彻资源节约和环境友好理念，推进园区完善产业链，提高资源能源使用效率，降低废弃物及污染物排放强度，完善园区产业共存生态。在工信部公布的《2021年度绿色园区名单》中，山

·特别关注·

**大力开发推广绿色设计产品**

山西焦煤运城盐化集团有限公司设计的25种“奇强”系列家用洗涤剂，原料不易造成污染，磷酸盐含量远低于国家标准，在全生命周期对水质富营养化影响较小。

山西电机制造有限公司设计的“YE5系列超超高效率三相异步电动机”，能效高，能耗低，回收率不低于90%。

山西太钢不锈钢股份有限公司设计的厨房厨具用不锈钢单位产品取水量、水重复利用率、单位产品能耗等指标满足钢铁行业国标要求且达到行业领先水平。

2022年1月14日，位于运城经济技术开发区的华兆东南（运城）绿色建筑集成有限公司内，工人忙着完成西安咸阳机场三期扩建工程钢构件订单。

西晋城经济技术开发区、临汾经济开发区符合标准，榜上有名。

**鼓励企业开展绿色供应链制造服务体系创建。**着眼十在补链、延链、提链、强链开发生产中，灌注绿色供应链理念，加强供应链上下游企业间绿色协调与协作，实现资源利用高效化、环境影响最小化。推进一批煤炭、电力、炼钢、焦化企业开展资源综合利用，推进一批水泥企业开展危废、生活垃圾无害化处置，推广可降解塑料生产、销售，实现绿色共赢。广灵金隅水泥有限公司、阳泉冀东水泥有限责任公司作为山西两家代表性企业，进入工信部《2021年度绿色供应链管理企业名单》。

### 提供绿色新兴产业优质服务

山西不断深化“放管服”改革，推进环评审批“正面清单”制度化。对基础性、战略性、牵引性新兴产业和省级重点工程及重大民生建设项目，精减项目环评审批申请材料，细化办事指南，开展并联审批，压缩审批时间。依据项目类型和环境影响，分类实行环评豁免制和告知承诺制。落实生态环境领域奖优政策，对于企业清洁生产、减排升级改造项目予以专项资金支持，企业清洁生产审核和培训费用列入经营成本，助力企业绿色发展。有效落实节能减排、资源综合利用和环境保护等有关税收优惠政策。已达标企业通过清洁生产技术升级改造实现的污染物稳定削减量，可按相关规定开展排污权交易，或用于企业扩容增产。设立“企业环保服务日”，建立常态化入企服务机制。

## 三、以生态智慧为引领，打造三产发展新模式

第三产业附加值高、碳排放量小，这两个突出的优势格外适应双碳背景下的山西经济。以生态智慧为引领，打造三产发展新模式，是打通绿水青山转化为金山银山的有效途径。在全方位推动高标准保护中，山西三产正释放出绿色经济新动能。

·政策学习·

**山西启动近零碳排放示范工程建设**

2022年5月，山西省生态环境厅、山西省财政厅联合印发《山西省深化低碳试点推进近零碳排放示范工程建设实施方案》《山西省近零碳排放示范工程建设工作指引（试行）》《山西省近零碳排放示范工程建设工作方案编制指南》，全面深化低碳试点，开展近零碳排放、碳普惠示范工程建设，通过探索低碳发展模式，总结低碳发展经验，形成全社会各行业各领域绿色低碳发展模式样板，服务山西实现全方位推动高质量发展目标。

《实施方案》提出四项任务，一是深化低碳试点建设，推动我省原有国家低碳城市、省级低碳城市和低碳县（区）结合双碳战略目标和全方位高质量发展要求，继续深化低碳试点建设；二是推进近零碳排放示范工程建设，鼓励创建近零碳排放园（县）区、社区、公共机构、建筑、企业等各类近零碳排放试点；三是探索碳普惠机制试点，建设碳普惠推广平台，鼓励社会公众积极主动践行低碳行为、实现生活减排，形成为居民的节能低碳行为赋予价值的激励机制；四是开展碳足迹认证试点，推动对重点产品进行全周期碳排放量核算和碳标签认证，推动经济产业绿色低碳发展。

## 促进文旅与环保融合

山西环境优美，资源富集，发展文旅产业得天独厚。正确处理文旅发展与生态保护的关系，以保护自然生态资源、历史文化遗产资源为底线，强化适度开发、保护性利用，禁止影响生态功能的项目建设。完善景区污水、垃圾等环境基础设施建设。充分发挥区域生态环境综合整治、流域生态廊道建设和废弃矿山生态修复成效，打造生态景区，促进生态治理与文旅融合。建设低碳化旅游基础设施，开展低碳景区试点和近零碳排放景区示范创建，优先组织山西5A级景区和国家全域旅游示范区建设省级低碳景区试点，进一步推动旅游产业链的良性循环和协调

位于长治市壶关县的八泉峡被称为“太行第一雄峡”，集自然风光与现代时尚于一体，北方山川的壮观和江南秀水的柔美在这里完美融合。

发展，确保生态资源妥善保护和永续利用。

### 发展低碳智慧现代商贸

山西不断强化移动互联网、物联网、大数据、VR、射频等新技术在商业领域的运用，完善“互联网+”生态消费体系。建立绿色商场、节能超市等绿色流通主体，鼓励全省范围内各类商业机构申报低碳商业试点，推进商业领域在规划、设计、建设、运营、能源供应和利用、废弃物处理等方面实行全流程低碳管理。

### 构建绿色智能现代物流

山西建设集通道、枢纽、网络、平台于一体的物流运行体系，在仓储、包装、运输配送各环节展开绿色建设，强化快递纸箱回收。推广穿梭车、协作机器人、并联机器人应用，鼓励原箱发货、智能分仓、前置备货、就近配送，提升门店发货比例，建设智能快递柜，减少物流业资源消耗。推进邮政、轻型物流配送等车辆采用新能源（电动）或清洁能源汽车，降低物流业污染物排放量。实施快递封装用品国家、行业相关标准，加快推进快递包装绿色化、减量化、可循环。

山西生产的吉利远程新能源商用车动力更强、能耗更低、效率更高、物流成本更低。

## 以绿色金融撬动绿色经济

绿色金融不仅是一种特殊的金融服务，也是一种特殊的制度安排和体系构建。从服务的领域上看，绿色金融是指为支持环境改善、应对气候变化和资源节约高效利用而开展的经济活动，即对环保、节能、清洁能源、绿色交通、绿色建筑等领域的项目投融资、项目运营、风险管理等所提供的金融服务。2021年，山西绿色金融稳步发展。截至2021年末，山西绿色贷款余额2735.7亿元，同比增长25.1%，高于各项贷款增速13.4个百分点。其中，清洁能源产业贷款余额1152.5亿元，同比增长41%，高于各项贷款增速29.3个百分点。监测的19家全国性银行中，15家银行绿色贷款增速高于本行各项贷款增速。

下一步，山西将健全绿色金融体系，设立山西省绿色发展基金和汾河流域水污染防治基金，充分发挥政府资金杠杆作用。大力发展绿色信贷，鼓励商业银行开发绿色金融产品。积极推动农地等自然资源抵押贷款，优化简化贷款审批程序。加快发展绿色保险，建立和完善环境污染责任保险制度，积极推广环境高风险领域环境污染强制责任保险，鼓励和支持保险机构研发节能环保技术装备保险，探索“保险+服务”模式创新，加快建立绿色金融环境风险防范体系。

## 四、推动环保产业发展，提升生态科技创新能力

突破自身发展瓶颈、解决深层次矛盾和问题，根本出路就在于创新，关键要靠科技力量。新时代推进生态文明建设，必须构建生态环境科技创新体系，为广泛形成绿色生产方式生活方式、实现生态环境根本好转和美丽中国建设寻答案、要方法、找出路。

### 开展生态环保关键领域科技攻关

山西以化石能源碳达峰路径、煤基产业深度减排、“两山七河一流域”生态治理、区域联防联控、生态系统和生物多样性恢复与重建、固体废物和化学品污染控制为重点，实施一批具有全局性、带动性的重点生态环境科研项目，提升关键核心技术自主研发能力。加快突

破重点行业大气污染物超低排放改造、工业废水深度处理和近零排放、生活污水低成本高标准处理、尾矿废渣资源化利用等关键技术瓶颈。发展应用于重污染、高能耗、高水耗行业的清洁生产技术和设备。探索开展大气、水、土壤、生态等重点领域环境问题成因机理、时空和内在演变规律等前沿基础研究。重点加强水生态和通量监测、细颗粒物和臭氧协同控制监测、温室气体监测等环境污染监测领域联合技术攻关。

### 强化生态环境科研保障

积极组建山西省生态环境保护委员会院士专家智囊团等高端智库，创新环境科技人才管理和高层次人才引进激励政策，培养造就一批环境科研领军人才，强化生态环境科技人才支撑。依托黄河实验室等省级实验室，积极争取中国环境科学研究院在晋成立分支机构，建立国家大气污染防治攻关联合中心山西分中心，建立黄河高质量发展环境创新研究中心（山西），搭建环保科研平台。探索创建环境学院，积极与国内知名高等院校和实力雄厚的企业合作开展环境科学技术研究和交流，建立科研机构之间的战略联盟和区域环境科技合作机制。建设生态环境科技联合基金，在污染防治专项资金中设立科技治污专项经费，积极争取中央预算内资金及科技部、生态环境部科研专项支持，鼓励民间资本进入科研市场，加大生态环境科技创新投入。

### 打造环保产业创新高地

山西加快推进节能环保装备制造业发展，重点支持污染减排、节能节水、资源循环利用等行业骨干企业先行发展。优化环保装备产品结构，拓展产品细分领域，重点发展一批智能型、节能型先进高效环保装备。在电力、冶金、化工、建材等高载能、高排放产业领域，加大先进装备推广应用力度。依托国家级工业资源综合利用基地和重点企业，推进煤矸石、粉煤灰、工业副产石膏、尾矿和餐厨垃圾资源循环利用产业发展。提升环境服务业发展水平，积极探索区域环境托管服务新模式，以省级及以上园区为重点，开展合同能源管理、合同节水管理、环境污染第三方治理示范。以太原、晋中为核心，筹建山西环保创业园，引进和培育一批具有国际竞争力的大型节能环保龙头企业，配套建设一批“专精特新”中小企业，形成经济新增长点。2022年5月，山西低碳环保产业集团有限公司成立，全力打造生态环保领域旗舰劲旅，牵引带动全省低碳环保产业做强做优做大。预计到2025年，环保产业总产值超过

200亿元，建成10个以上规模效益显著、专业特色鲜明、综合竞争力较强的特色环保产业基地，营业收入超过5亿元的环保企业达到10家，超过1亿元的环保企业达到20家。

## 五、以盘活生态资源为目标，推进生态产品价值实现

山西坚持以三产融合发展带动农民增收，强化绿色食品、有机农产品和地理标志农产品认证管理，壮大休闲农业、乡村旅游、民宿经济等特色产业，推进林草生态建设实现增绿增收双赢，发展生态旅游，做精“黄河之魂在山西”等旅游产品，创建国家全域旅游示范省。

### 三产融合发展带动农民增收

**增加特优农产品供给。**加大绿色食品原料标准化生产基地和有机农产品基地创建力度，强化绿色食品、有机农产品和地理标志农产品认证管理，试行分段认证，积极组织农业产业化龙头企业、农民专业合作社示范社打造高端精优产品，力争“两品一标”（绿色食品、有机农产品和农产品地理标志）登记数量年均增长6%，预计到2025年，“两品一标”产品数达到1500个。

**积极发展乡村特色产业。**延长农业产业链，提高农产品加工业和农业生产性服务业发展水平，推进农产品精深加工和综合利用加工，以园区建设为载体，打造农产品精深加工十大产业集群。大力推广全程托管、代耕代种、联耕联种等农业生产托管服务方式，带动普通农户进入现代农业发展轨道。壮大休闲农业、乡村旅游、民宿经济等特色产业，做优做强乡村旅游示范村，预计到2025年，创建“中国美丽乡村”25个、“山西美丽乡村”300个。

**实施全域土地综合整治。**山西实施全域土地综合整治，依据国土空间规划，以乡镇或村为单位开展全

山西省鱼菜综合种养试验示范基地的大棚，既能养鱼又能种菜，不仅不影响蔬菜产量，还能节水节肥，真正实现了养鱼不换水、种菜不施肥，为农民增收开辟了新渠道。

域土地综合整治，盘活农村存量建设用地，腾挪空间用于支持农村产业融合发展和乡村振兴，预计到2025年，实施20个全域土地综合整治项目。

### 推进林草生态建设实现增绿增收双赢

造林绿化务工保收入，发展壮大造林专业合作社，鼓励和引导造林专业合作社全方位参与造林营林、管林护林，拓宽增收渠道。苗木花卉增收惠民生，培育一批苗木示范基地和苗木龙头企业，构建山西苗木品牌体系。重点打造以晋中市太谷区为基地的苗木市场，建立苗木信息大数据库，推进互联网苗木电子商务建设，打造苗木线上交易平台。建设一批花卉观赏展销园区和示范种植基地，推动鲜切花、盆花、特色花卉等企业发展，加大花卉文化和花卉旅游项目建设，实现花卉富民。

·数说山西·

2021年，山西生态扶贫PPP项目兑现资金10.86亿元，惠及55.96万群众增收12亿元；示范推广核桃低产林改造、大果榛子良种栽培、仁用杏提质增效技术，并通过200万亩经济林提质增效，带动全省1960万亩经济林达产22亿公斤。种苗花卉和林下经济协调发展，育苗115万亩，培育花卉7600亩，立体发展林下经济520万亩，“善融商务平台”林特产品馆交易额位列全国第三。

大同市灵丘县车河有机社区通过“有机农业+生态旅游+美丽乡村”模式，走出一条可持续发展的新路子。

## 发展生态旅游孕育经济新增长点

着力打造黄河、长城、太行三大旅游板块，做精“黄河之魂在山西”黄河文化旅游产品、“长城博览在山西”长城文化旅游产品和“大美太行在山西”太行山旅游产品，充分发挥黄河、长城、太行三大品牌对全省文旅业高质量发展的全局牵引性作用，创建国家全域旅游示范省。持续推进生态旅游发展，提升现有森林公园、地质公园、风景名胜区品质，整合建设自然公园，扎实提高服务质量，推进自然生态旅游上台阶，力争到2025年，每县（市、区）建设一处自然公园，成功创建一批中国森林体验基地、中国森林养生基地、中国慢生活休闲体验区（村、镇）和森林旅游示范县。实现康养产业跨越发展，创建国家康养产业示范省，优先发展避暑康养，优化提升温泉康养，试点推进森林康养，培育乡村休闲康养，开发康养运动项目，建设中医药康养基地。预计到2025年，打造10个温泉康养度假区，初步形成“一圈两山十二集群”森林旅游康养产业格局，培育30个省级乡村康养基地、20个康养小镇、100个康养社区和100个康养村落，康养产业收入达到1000亿元。推动文化和旅游融合发展产品，大力发展研学旅游、水利旅游、工业旅游、低空旅游等。

2021年深秋时节，晋中市平遥县迎薰公园色彩斑斓、秋意浓浓、景色如画，与千年古城交相辉映，成为大家户外运动、观赏秋色、感受古城厚重历史人文的好去处。

029

第五章

# 绿色引领新生活

——如何引导群众形成绿色低碳生活方式？

“快看快看……真神奇呀！”

“变了，变了，真的变了！”

循声望去，过往的行人都被正在进行的“魔术”吸引，餐饮行业产生的废油经过特殊处理变成了肥皂；果皮、烂菜叶等厨余垃圾可以做成养花的肥料；废旧纸张可以制造成“环保再生纸”，循环利用……这是“六五”环境日期间，太原举行的一场变废为宝环保活动现场，一件件生活中的“垃圾”正在变成环保的“宝贝”，真是让人大开眼界。

习近平总书记强调，推动形成绿色发展方式和生活方式是贯彻新发展理念的必然要求。绿色消费是各类消费主体在消费活动全过程贯彻绿色低碳理念的消费行为。山西省第十二次党代会提出，要倡导绿色消费，增加绿色产品和服务供给，推动衣食住行用游全过程绿色升级。推行城市生活垃圾分类和减量化处理、资源化利用，在全社会倡导简约适度、绿色低碳的生活方式。

健康宜居的生态环境，绿色低碳的生活方式，既体现了人们对美好幸福生活的追求，也离不开每一个家庭、每一个公民的身体力行。通过3500万山西人民的共同努力，节能环保、资源循环的生活方式必将进一步成为主流，低碳生活、绿色共享的新兴风尚必将绘就山西人民与自然和谐共生的美好画卷。

## 一、促进绿色消费

绿色消费是各类消费主体在消费活动全过程贯彻绿色低碳理念的消费行为。绿建未来，人人有责。每一位公民都应该从自己做起、从现在做起、从身边小事做起，绿色消费，践行绿色生活方式。

### 反对奢侈浪费和过度消费

反对奢侈浪费和过度消费，有利于推进消费结构绿色转型升级。2022年3月，山西省市场监督管理局对商业广告活动进行提示，强调坚决制止煽动过度消费、宣传奢侈浪费等违背勤俭节约传统美德的商业广告宣传行为，对山西各地的广告经营单位及商业广告宣传主体的行为进行了正向引导。比如，在餐饮行业，在店面醒目位置和餐桌开展“光盘行动”、遵德守礼、文明用餐等宣传，营造良好氛围，将低碳环保进行到底。

消费者在日常生活中，自觉选择简单适度包装的产品，拒绝为过度包装买单；购物时尽量自带购物袋，减少包装物的消耗及其造成的污染。同时，消费中遇到过度包装等浪费行为，主动投诉举报，共同促进节约资源、保护环境的生活方式和消费模式的形成。对公民来说，减少过度消费和奢侈消费，践行“物尽其用”“一物多用”的绿色消费理念，既能理性购物、减少经济支出，又能节约资源、保护生态环境。日常生活中，深入开展反食品浪费、反过度消费行动，推进居民生活垃圾分类和垃圾资源化再利用，减少各类消费活动的能源资源消耗强度，都是在为绿色低碳生活贡献力量。

### 扩大绿色低碳产品供给和消费

山西积极推广绿色商场行业标准，鼓励和支持流通企业以资源高效循环利用为方向，推广使用节能环保技术和产品，让绿色商场示范创建引导绿色生产和绿色消费。为消费者提供吃、穿、住、行、用、游等各领域的绿色低碳产品，促进各领域消费绿色转型，统筹兼顾消费与生产、流通、回收、再利用各环节，强化科技、服务、制度、政策等全方位支撑，实现系统化节约减损和节能降碳。积极鼓励批发市场、大型商业综合体等消费场所进行节能、节水改造。鼓励旅游饭店、景区等推出绿色旅游消费奖励措施。星级宾馆、连锁酒店要逐步减少“六小件”等一次性用品的免费提供，试行按需提供。商场、超市、集贸市场等商品零售场所要严格执行“限塑令”，减少包装物的消耗，鼓励使用生物基材料的环保包装制品。

·特别关注·

**绿色包装便利环保**

2021年6月，大同市将推进快递包装绿色治理纳入全市塑料污染治理重点项目，扎实推进行业绿色规范化、减量化、可循环、可回收及节能环保工作，持续推动全市邮政快递包装绿色治理，助力行业绿色高质量发展。

2021年8月，阳泉市深入寄递企业营业网点及处理场地，重点检查瘦身胶带，循环中转袋使用、绿色环保宣传、包装操作规范制度等。要求企业坚持绿色包装，推动快递包装绿色化、可循环，有效降低快递封装胶带、传统塑料袋平均用量，实现邮件快件包装减量化。

2021年11月，长治市对寄递行业从业人员开展了线上《邮件快件限制过度包装要求》轮训，为期一个月。培训会上设置了实际操作示范环节，根据邮件快件内件物品性质、尺寸、重量分别进行合理包装操作，对防止过度包装进行了详细示范，也为从业人员进行了生动的再培训。

## 持续推进“光盘行动”

因为好面子，几个人吃饭也要点一大桌菜，最后吃不完都剩下了，餐饮浪费在我们日常生活中仍屡见不鲜，朗朗上口的“谁知盘中餐，粒粒皆辛苦”更被有的消费者抛之脑后。为做好餐饮行业预防和制止餐饮浪费工作，2022年1月，山西出台《山西省预防和制止餐饮浪费规定》，用法治力量遏制“舌尖上的浪费”，持续推进“光盘行动”，在全社会营造了浪费可耻、节约为荣的风尚。无论是餐厅，还是各单位、高校食堂，纷纷推出“小份菜”“半份菜”，不仅有效减少了粮食浪费，还促进了饮食文化的“绿色革命”，人人都能贡献自己的一分力量。

## 二、倡导绿色出行

绿色出行是生态、文明、健康生活方式的良好体现，是改善空气质量、减少城市交通拥堵、促进全民健身运动开展的重要举措。要加快形成绿色低碳交通运输方式，加强绿色基础设施建设，推广新能源、智能化、数字化、轻量化交通装备，鼓励引导绿色出行，让交通更加环保、出行更加低碳。

### 完善公共交通服务

在完善公交服务方面，2021年7月30日，交通运输部命名太原市为国家公交都市建设示范城市。截至2021年底，太原市绿色公共交通车辆覆盖率已经达到100%。在轨道交通方面，太原目前拥有一条地铁线路（2号线），运营里程23.3公里。2021年，太原地铁共运送乘客3918.9万人次，客运周转量24855.2万人次公里，实现列车运行图100%兑现，正点率99.95%。平均每天有10.74万人踏上2号线，享受地铁高效绿色的出行服务。此外，太原轨道交通1号线正在建设当中，1号线一期工程全线28.575公里，共设置车站24座。

2021年4月，运城市对市内部分公交线路的运营时间作出调整，将早班发车时间提前为6点，末班发车时间延迟为22点，在时间上将公交服务与高铁进出站、进城务工、上下班、上下学及市民休闲旅游等需求结合起来，丰富了市民绿色出行的选择。

2021年11月，吕梁市离石区的14条连通城区和乡村的“一元公交”线路开通，标志着离石区“一元公交”城乡全覆盖启动。此次开通的14条“一元公交”线路共21台公交车，其中8条为城乡公交线路、6条为镇村公交线路。新开通的公交线路连城到乡，连镇到村，方便周边居民出行的同时，也打通了绿色出行的“最后一公里”。2022年4月1日起，城区范围内所有城市公交线路的运营车辆（包含机场巴士）全民免费乘坐。

临汾市是全国首个实现纯电动公交车全覆盖的城市，据统计，此举每年可为临汾减少二氧化碳排放量2.5万吨。临汾公交已率先在山西实现了三个100%：公交车100%为纯电动车、100%可回场停放、100%回场后能充电。已经形成以“电动公交车为主体、电动出租车为补充、公共自行车为延伸”的城市绿色公共交通体系。

一辆辆绿色环保的“城市之舟”穿梭在山西的大街小巷，高效、绿色、经济的公共交通体系不仅满足了人群对幸福生活的追求，更是山西人民践行绿色出行理念的一道亮丽风景。

在20世纪末，自行车曾是山西城乡居民主要的短距离出行工具。随着时代的发展和经济水平的提高，私家车、出租车等越来越多便捷高效的交通方式丰富了人们的选择，也在一定程度上加重了生态的负担。为了给城市空气“减负”，给拥堵道路“减压”，山西各市纷纷推出公共自行车服务，让传统、健康、低碳的骑行方式为绿色生活助力。太原、大同等10个设区的市已配备公共自行车，为市民出行提供绿色动能，接下来，将进一步完善市区公共自行车服务网络系统，努力把城市公共自行车打造成最便捷、最经济、最环保的出行方式。

### 活跃新能源汽车市场

在影响空气质量的污染源中，汽车尾气一直占据着较大的比重。随着科学技术的发展和人们环保意识的提高，新能源汽车作为一种交通工具，得到了许多消费者的青睐。新能源汽车是指除汽油、柴油发动机外所有其他能源汽车，具有节能环保、经济实惠的特点。目前，山西11个设区市建成区全部出租车、98.8%公交车更换为新能源或清洁能源汽车。

为实现“清洁低碳、绿色出行”全覆盖，提高农村新能源汽车的保有量和使用比例，山西不断深入调查农民的诉求和期待，大力推动新能源汽车下乡，定制新能源汽车下乡车型产品目录和优惠政策，提供多样化的车辆产品和增值服务选择。同时，加快乡镇村级充电设施

山西新能源汽车工业有限公司装配现场

建设，在全省301个乡镇供电所建设对外运营充电桩498个，乡镇供电所充电桩覆盖率达到三分之一，并计划于2022年实现全省乡镇供电所充电桩百分之百覆盖。2022年，新能源汽车作为具有比较优势、发展前景广阔的产业，成为山西重点打造的10条产业链之一，必将进一步得到消费者的青睐。

### 建设绿色出行友好环境

2021年6月，山西省生态环境厅发出《致全省人民“倡导绿色出行　践行低碳生活”倡议书》，倡议全省人民践行“能走不骑，能骑不坐，能坐不开”的健康出行理念，提倡1公里内步行、3公里内骑车、5公里内乘公交。

推广绿色出行方式，一方面要增强公众绿色出行意识，另一方面也要建设绿色出行友好环境，增强绿色出行方式吸引力，全面提高城市绿色出行水平。

山西是全国交通强国建设第二批试点单位，“高密度中等城市交通拥堵治理与绿色出行”是山西试点任务之一。预期到2025年底，新建、改扩建城市道路100%配备慢行系统，形成覆盖建成区的步道、自行车道慢行交通网络；建成“空中巴士”快速公交系统，形成空

太原市滨河自行车道宛如一条彩色飘带，串起城市的优美风光。

中、地面公交相结合，多种运输方式互为补充的城市立体公共交通体系；实现公共交通与铁路、公路等运输方式“零距离”换乘；城市交通污染明显缓解，绿色出行比例达到70%以上。2021年12月23日，山西出台《交通强国建设山西省试点实施方案》，进一步推动包括绿色出行在内的试点工作。

有了道路畅通、衔接紧密的硬件设施，空气清新、生态优美的出行环境又为山西人民绿色出行增加了一份惬意。山西锁定吕梁山生态脆弱区、环京津冀生态屏障区、重要水源地植被恢复区、通道沿线荒山绿化区等重

太原地铁2号线体育馆站

点区域，统筹推进国土绿化，营造林2300多万亩，义务植树2.5亿株，绿化村庄2500个。同时，山西落实空气质量巩固提升2021年行动计划，加大重点区域、重点行业治理力度。未来，山西将继续建设网络覆盖、道路畅通、站点衔接、空气优良、文明礼让的绿色出行环境，让绿色出行成为品质出行，让更多人自发自愿选择绿色出行方式。

## 三、推行绿色居住

2022年初，国家发改委等七部门联合发布的《促进绿色消费实施方案》强调要加快发展绿色建造。推动绿色建筑、低碳建筑规模化发展，将节能环保要求纳入老旧小区改造。因地制宜推进清洁取暖设施建设改造。大力发展绿色家装。鼓励使用节能灯具、节能环保灶具、节水马桶等节能节水产品。倡导合理控制室内温度、亮度和电器设备使用。

四季常在的“大同蓝”

## 大力发展绿色建筑

绿色建筑是实现绿色居住的载体和基础。山西以创新引领，用技术赋能，大力发展绿色建筑，并推动传统建材行业向绿色建材及装配式建筑等方向延伸拓展，正在走出一条智能化、绿色化、服务化的发展之路。

判断一座建筑是不是“绿色”的，不仅要看是否做到了节约资源、保护环境、减少污染，还要考察它是否能为人们提供安全耐久、健康舒适、便利宜居的使用空间。

作为未来全省最大的会展中心，位于太原市小店

潇河新城国际会展中心的弧形屋顶装配了太阳能光伏板。

区的潇河新城国际会展中心，按照设计，7个弧形屋顶将装配7万平方米的太阳能光伏板，并采用创新性环保技术满足附近区域约65万平方米的公共照明和汽车充电桩的供电。这7个屋顶预计年发电量将达到840万千瓦时，可代替2600吨标煤，整体可减排二氧化碳7400吨。潇河新城智慧能源岛在建设中积极探索利用可再生能源。该项目通过对地热、燃气、太阳能、电力等多种能源进行综合开发利用，满足建筑物内的供热、生活热水、洗衣等需要，有效降低建筑运行过程中的碳排放量。

·知识链接·

零能耗建筑：在我国当前通行的节能建筑标准的基础上，能耗水平再降低50%以上，为超低能耗建筑，降低60%到75%，或达到75%以上为近零能耗建筑。当建筑物自身能耗和产能达到平衡以后，就称为零能耗建筑。

位于大同市国际能源革命科技创新园的大同未来能源馆，被称为山西首个被动式零能耗建筑。未来能源馆建筑面积约2.9万平方米，展示面积约1.8万平方米，屋顶和东西南三侧都镶嵌着太阳能光伏板，像是给建筑戴上了光伏帽。光伏板在阳光下闪耀着金属光泽，为未来能源馆平添了几分神秘感。建筑内部则实现了直流供电。创新性环保技术的运用，再加上良好的气密性和保温性，使大同未来能源馆的节能率达到了92%以上。同时，园区还利用绿植和水域来中和建筑物的碳排放，使

大同国际能源革命科技创新园

其最终成为“零碳”建筑。

2022年，山西将继续深入开展绿色建筑创建行动，实施既有居住建筑节能改造1600万平方米、既有公共建筑绿色化改造110万平方米，使绿色建筑占新建建筑面积比例达到70%。同时，将制定绿色建筑相关条例，为山西绿色建筑产业的各环节各流程提供法律保障和法理支撑。

## 推广节水节电节能生活方式

我们的日常生活离不开用水用电，吃饭、工作、学习甚至出行，到处都要用到水、电。对广大城乡居民来说，践行节水节电节能的生活方式就是在为美丽山西增光添彩。

**更换节能灯具。**摒弃白炽灯，选择使用节能灯，如LED灯，一只8瓦的节能灯管和普通40瓦白炽灯相比，按日照明6小时计，每年可节电70千瓦时。除了要选择节能型灯具外，装修时还可选择有调光功能的开关，能实现有效节能。客厅内尽量不要选择式样太过繁杂的吊灯，卫生间最好安装感应照明开关。

**安装节水器具**。控制好厨房、卫生间设备的选配与安装，最好安装节水龙头和流量控制阀门，选用节水马桶和节水洗浴器具。传统观念认为，使用淋浴比较节水，但从实际运用情况看，安装新型的节能浴缸，并与淋浴配合使用，节水效果会更好。

**减少家电待机耗能**。一般家用电器设备停机时，其遥控开关、持续数字显示、唤醒等功能仍保持通电状态，形成待机能耗。一个普通家庭拥有的电视机、空调机、音响、电脑、微波炉、电热水器、饮水机等的待机能耗加在一起，相当于整天开着一盏30至50瓦的灯。

**选择节能窗**。在选择窗户的时候，选用节能窗，因为它采用真空玻璃制作，同时还附有隔热断桥铝，这样的窗户夏季能隔热，冬季能保温，从而能在一定程度上节约能源。

**安装太阳能热水器**。相比电热水器和燃气热水器，太阳能热水器使用的能源兼具可再生性和清洁性，在节能环保和安全方面，效果更加突出。

## 进一步扩大清洁取暖受惠群体

扩大清洁供暖受惠群体，既是关系人民福祉的民生工程，也是关系环保低碳的生态工程。

山西不断扩大集中供暖受惠群体，让越来越多的城乡居民享受清洁温暖的冬天，享受绿水蓝天。2021年全省清洁取暖计划改造91.86万户，完成改造99.87万户，完成率108.73%。其中，太原市农村地区清洁取暖覆盖率达到91%，大同市完成“煤改电”清洁取暖改造24万户。同时，将继续因地制宜推进农村清洁取暖，实现重点地市城区清洁取暖覆盖率100%、县城和城乡接合部清洁取暖覆盖率100%，农村清洁取暖覆盖率力争达到60%。

未来，山西拟整合2022年省级生态环境专项资金10亿元，作为散煤问题突出的重点县（市、区）散煤清零项目的启动资金，推动实施山西中部城市群清洁取暖散煤清零项目。这也是山西首

·特别关注·

**超低排放供暖工程完成试运行**

2022年1月12日，中国能建山西电建EPC总承包的高平第三热源厂热电联产一期工程圆满完成试运行，其间二氧化硫、氮氧化物、粉尘排放浓度均达到超低排放标准要求，高标准竣工投产。一期工程投产后，年处理煤矸石约5万吨、消耗劣质煤约5万吨，实现年发电量约0.9亿千瓦时及45万吨/年工业蒸汽，可供热200万平方米。该项目位于高平经济技术开发区米山工业园，是当地集中供暖重点民生工程。

次统筹整合省级生态环境领域专项资金，用于改善区域环境空气质量。

## 推行垃圾分类和减量化

2021年12月，山西出台《关于进一步加快推进生活垃圾分类工作的实施意见》，对加快推进生活垃圾分类和减量化提供了指导意见和进度要求。通过采用源头减量、分类投放收集、分类运输处理、资源循环利用等多种方法，推动生活垃圾分类体系建设。力争到2023年底，山西设区城市基本实现生活垃圾分类投放、分类收集全覆盖，分类运输体系基本建成，分类处理能力明显增强；其他城市初步建立生活垃圾分类推进工作机制，生活垃圾焚烧处理能力大幅提升，山西城市生活垃圾焚烧能力占比达到80%以上，餐厨垃圾处理基本实现全收集、全处理。力争到2025年底，设区市基本建立配套完善的生活垃圾分类法律法规体系，基本建成生活垃圾分类投放、分类收集、分类运输、分类处理系统，基本实现可回收物回收利用和有害垃圾处置全覆盖，厨余垃圾全处理，其他垃圾全焚烧、零填埋，居民普遍形成生活垃圾分类习惯，山西城市生活垃圾回收利用率达到35%以上。

## 四、普及绿色宣传

为提升公民生态文明意识，山西出台《山西省〈“美丽中国，我是行动者”提升公民生态文明意识行动计划（2021—2025年）〉实施方案》，要求着力推动

·特别关注·

**山西省五项亮点工作获国务院督查激励**

2022年6月9日，国务院办公厅发布通报，经国务院同意，对2021年落实重大政策措施真抓实干成效明显地方予以督查激励。山西5项工作榜上有名。

运城市在深化“放管服”改革优化营商环境工作中，推进企业登记注册便利化、深化“双随机、一公开”监管和信用监管、落实公平竞争审查制度等深化商事制度改革成效明显，受到督查激励。2022年，运城市将被优先选择为企业登记注册便利化改革、企业年度报告制度改革、企业信用监管、智慧监管、重点领域监管、公平竞争审查等试点地区，优先授予外商投资企业登记注册权限，优先支持创建网络市场监管与服务示范区，优先支持建设公益广告创新研究基地。

忻州市易地扶贫搬迁后续扶持工作成效明显，受到督查激励。2022年对忻州市将进一步加大后续扶持政策支持力度，在安排以工代赈资金时予以倾斜支持。

长治市老工业基地调整改造力度大，支持传统产业改造、推进产业转型升级等工作成效突出，受到督查激励。2022年，对长治市优先支持在老工业基地振兴有关重大改革和重大政策方面先行先试，优先支持建设国家创新型产业集群和新型工业化产业示范基地，在安排产业转型升级示范区和重点园区建设中央预算内投资时各激励2500万元。

长治市环境治理工程项目推进快，重点区域大气、重点流域水环境质量改善明显，受到督查激励。2022年，在安排中央财政大气、水污染防治资金时，对长治市予以适当激励。

长治市屯留区高度重视重大决策部署督查落实工作，在创新优化督查落实方式方法、推动地区经济社会发展等方面成效明显，受到督查激励。2022年，在国务院办公厅组织开展的国务院大督查及专项督查中，对长治市屯留区予以“免督查”。

构建生态环境治理全民行动体系，加快推动绿色低碳发展，形成人人关心、支持、参与生态环境保护工作的局面，为持续改善生态环境、建设美丽中国、谱写山西篇章营造良好社会氛围和坚实社会基础。绿色生活，生态共建，未来山西将形成社会各界参与的“大生态”绿色宣传教育格局。

### 举办低碳节能系列活动

山西各地组织开展了一系列内容丰富、形式多样的节能、低碳宣传活动，向公众普及生态文明、绿色发展理念和节能降碳知识，营造崇尚节约、绿色低碳的社会新风尚。

2021年8月23至29日是全国第31个节能宣传周，活动主题为“节能降碳，绿色发展”。山西启动节能宣传周，重点节能企业对山西的节能新技术、新产品进行了展览。8月25日是第9个全国低碳日，主题是“低碳生活，绿建未来”。山西采取线上线下相结合的方式，开展了全国低碳日宣传活动，号召全省人民践行低碳生活，助力绿色转型，共建美丽山西。与此同时，各市县区还通过不同方式，线上线下、场内场外组织开展了先进节能技术产品展示推广、节能知识讲座、低碳知识普

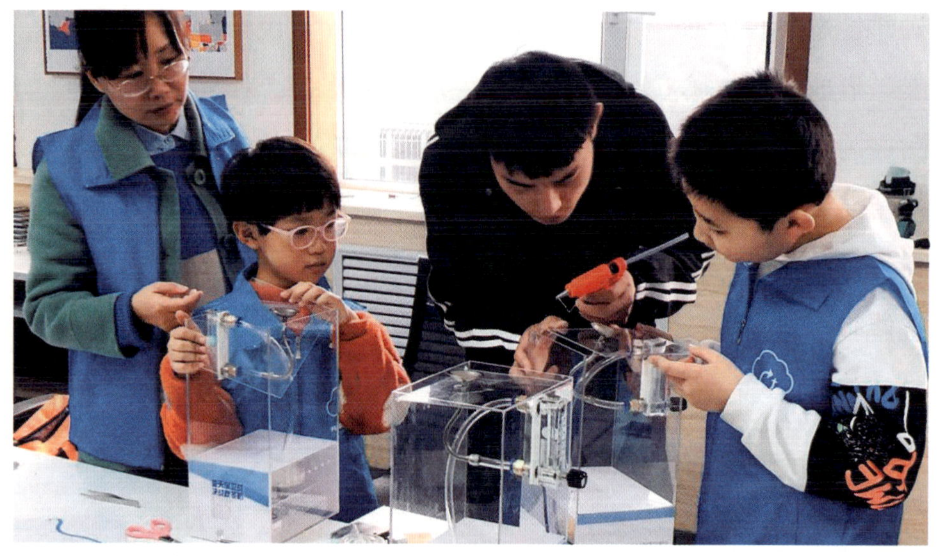

2021年11月20日，太原市第二届“小小监测员”大气降尘监测活动正式启动。图为在辅导老师指导下，小监测员进行扬尘污染监测。

及、绿色消费引导、绿色低碳出行等宣传活动，动员民众广泛参与节能宣传周和低碳日活动，倡议大家采取更加绿色、低碳、循环、可持续的生活方式，从自己做起，从身边的点滴小事做起，做绿色低碳生活的倡导者、践行者和示范者，为建设生态文明和美丽山西作出自己的贡献。

## 公共机构发挥绿色力量

2021年8月，国家机关事务管理局等部委发布了公共机构水效领跑者（2021—2023年）名单，山西6家单位榜上有名，分别是临汾市公安局、运城市人民检察院、山西水利职业技术学院、太原理工大学、阳泉市展览馆（阳泉市大剧院管理处）和大同市第一人民医院。6家单位做到了“节水制度齐全、节水管理严格、节水指标先进”，体现了公共机构节水工作的先进水平。

2021年11月出台的《山西省“十四五”公共机构节约能源资源工作规划》明确提出，“十四五”期间，山西将实施“十大行动”，分别是低碳行动、绿化改造行动、可再生能源替代行动、节水护水行动、生活垃圾分类行动、反食品浪费行动、绿色办公行动、绿色低碳生活方式倡导行动、示范创建行动、数字赋能行动，全力推进山西公共机构绿色低碳转型。

下一步，山西将准确把握全省公共机构节约能源资源发展趋势，围绕实现“双碳”“双控”目标，在制定政策、出台规则、完善措施等方面，加强统筹协调力度；在落实要求、推进工作、开展活动等方面，发挥示范引领作用；在节约型机关创建、节水型单位建设、推动绿色低碳发展等方面，当好排头兵、先锋队，推进全省公共机构节约能源资源和生态环境保护工作高质量发展。

## 创新绿色宣传教育方式

山西围绕“美丽中国，我是行动者”主题，不断深化生态环境领域群众性精神文明建设，引导动员社会公众参与生态环境保护，践行绿色生产生活方式。

**主流媒体主力宣传**。山西省、市两级生态环境保护系统举行新闻发布会，通过主流媒体向公众普及绿色生活的意义和技巧。特别是中央媒体推出一批反映山西生态文明建设成就的特别报道，为打好污染防治攻坚战和建设美丽山西营造了良好的舆论氛围。

**生态文化贯穿宣教**。山西省生态环境厅和山西省作家协会联合组织省内外近百名作家、记者，连续三年开展“美丽中国·生态山西”作家采风活动，对山西生态建设、环境治理、绿色发展等典型情况进行现场采访，同时创作高质量的生态环境文学作品结集出版，宣传山西绿色发展实践，彰显山西生态文明成效。

**志愿宣传凝聚力量**。2021年12月，由山西省环保宣教中心、山西省环境文化促进会和山西省环保志愿者服务总队联合主办的全省生态环境公益宣传活动经验交流会，邀请30多家环保组织从垃圾分类减量、环境教育等方面，分享参与环保公益事业的经验和体会。组织全省

运城市永济机关事务服务中心工作人员和志愿者在社区向群众讲解节能降碳相关知识。

各大高校的生态环保组织骨干参加“美丽山西，青春行动”培训。

**生态宣讲深入社区。**2021年12月，生态环境专家前往太原市迎泽区南内环街社区和杏花岭区党群服务中心，开展习近平生态文明思想宣讲活动，进一步引导广大群众牢固树立绿色发展理念，营造人人关心生态建设、处处崇尚绿色生活的良好氛围。

### 增强全民节约意识

倡导简约适度、绿色低碳的生活方式，需要在思想观念上来一次破旧立新，树立新的价值观、生活观和消费观。物质极大丰富，日子过好了，消费水平提高了，但这绝不能成为丢掉勤俭节约优良传统、造成资源浪费的理由。否则，只会有百害而无一利，不仅会影响良好家风的培育、孩子的健康成长，更会助长奢靡之风，造成社会财富的损失和生态环境的污染。据统计，我国每年因快递包装过度浪费的瓦楞纸板约有18.2万吨，相当于1547公顷森林；全国外卖餐盒一天可堆330多座珠峰，只有14%的塑料包装被回收……这都提醒我们，树立绿色消费观十分必要，每一位公民都应该珍惜公共资源、呵护社会财富、保卫绿色家园。

山西积极倡导简约适度、绿色低碳的生活方式，不断教育引导大众树立节能环保意识，推广绿色生活价值体系，推动全民在衣食住行游各方面加快向勤俭节约、绿色低碳转变，强化人们对可持续的良好生活方式的认可，唤起大众的社会责任意识，使绿色生活方式深入人心，让“绿水青山就是金山银山”的理念内化于心、外化于行，让绿色理念成为社会的主流价值观，成为人们向往并身体力行的生活追求。

第六章

# 顶层设计善筹划

——如何加快健全生态文明制度体系？

2022年3月18日，山西省高级人民法院、忻州市中级人民法院、宁武县人民法院共同设立的汾河源生态环境司法保护基地正式启动，以司法守护汾河水清河晏，确保全流域安澜，让古晋阳汾河晚渡的美好景象常在，让母亲河持久造福三晋人民。这是山西扛牢生态文明政治责任的重要举措，是持续加强环境资源审判体系建设的必由之路，是全面推行环境资源刑事、民事、行政案件“三合一”审判机制的应有之义，是建立环境司法与行政执法衔接机制的内在要求。

习近平总书记指出，生态文明建设是关系中华民族永续发展的根本大计。他强调，建设生态文明，关系人民福祉，关乎民族未来。党的十八大以来，《关于加快推进生态文明建设的意见》《生态文明体制改革总体方案》相继出台，系统部署数十项涉及生态文明建设的改革方案；立法设定六五环境日，实施“史上最严”新环保法，建立中央生态环境保护督察制度，全面实施河长制、湖长制、林长制……

实现生态高质量发展，既要算清眼前账，也要算好长远账。山西深入贯彻习近平生态文明思想，加快健全生态文明制度体系，有效调动全社会参与生态环境保护的积极性，促进生态文明建设迈上新台阶。

## 一、完善生态文明治理体系

山西着力深化生态文明体制改革，努力把生态文明制度的四梁八柱建立起来，把生态文明建设纳入制度化、法治化轨道。

### 加强山西生态文明治理顶层设计

山西不断创新思维，完善机制，健全监督体系，坚持绿色生产、绿色生活、绿色制度一体推进，实现经济发展与生态保护相协调相促进，将美丽山西的建设蓝图变为现实。

**扛牢政治责任，加强对生态环境保护的组织领导。**牢固树立“绿水青山就是金山银山”的理念，坚持生态优先、绿色发展，坚持治山、治水、治气、治城一体推进，切实担负起保护黄河千秋大计、筑牢京津冀生态屏障、建设山西美丽家园的重大政治责任，在全国率先设置省市县乡四级生态环境保护委员会，积极推进环保督察，强化生态环境保护“党政同责”“一岗双责”，出台和完善有关政策法规，构建了党委领导、政府主导、部门齐抓共管、企业主体和社会共同参与的生态环保大格局。

**加强制度建设，完善生态环境保护制度体系。**山

·知识链接·

"三线一单"：生态保护红线、环境质量底线、资源利用上线和生态环境准入清单。

西制定出台《"十四五""两山七河一流域"生态保护和生态文明建设、生态经济发展规划》《关于加快实施七河流域生态保护与修复的决定》，形成系统提升生态环境质量的时间表、路线图、施工图。制定出台《生态省建设规划纲要（2021—2030年）》《关于开展科学绿化的实施意见》，全面加快美丽山西建设。制定《山西省黄河流域深度节水控水行动实施方案》，为山西严守黄河流域地表水资源开发利用上限提供依据。出台《关于加强草原保护修复的实施意见》，维护草原生态资源安全。以统筹开展资源监测为基础，在全国率先开展省级森林资源连续清查，系统推进"一张图"年度更新、生态综合监测评价和林地保护利用规划。开展领导干部自然资源资产离任审计，落实生态补偿制度，实行生态环境损害责任终身追究制，建立"三线一单"生态环境分区管控体系，推进生态环境损害赔偿制度改革。

**加大工作落实，促进制度机制落实落地。**以机制促规范，用制度管长远，严格落实制度规定顺利有序推进，积极创新体制机制大踏步向前发展。习近平总书记强调，要用最严格制度最严密法治保护生态环境，加快制度创新，强化制度执行，让制度成为刚性的约束和不可能碰的高压线。山西扎紧制度的笼子，健全环境保护制度，深化生态文明制度改革，发挥出督导检查利剑作用，严格执行生态环境保护法律法规，严厉惩处破坏行为。强化组织领导，完善工作格局，创新规划、奖补、责任、开发利用等长效机制，扎实高效推动责任落实、政策落实和工作落实，高质量走出生态文明建设新路，迈入新时代生态文明建设新境界。

**细化保障措施，夯实生态文明建设基石。**坚持把党的领导贯穿于“两山七河一流域”生态保护、生态文明建设和生态经济发展各方面各环节，充分发挥党总揽全局、协调各方的领导核心作用。各级政府应坚持经济社会发展与生态环境保护一同谋划、一起部署、一体推进。强化各级财政对规划顺利实施的保障作用，将生态环境保护列为公共财政支出重点，加强财政预算与规划实施的衔接协调，争取多渠道筹措资金，鼓励不同经济成分和各类投资主体以多种形式参与生态环境保护和生态经济发展。强化规划宣传，综合运用新闻媒体、门户网站、微信微博等各类载体，积极宣传和阐释生态文明理念。强化纪检监察监督、人大监督、行政监察监督、组织人事监督、统计审计监督协调联动，构建权责清晰、衔接有序、贯通有力、运转高效的监督贯通协调体系。

## 强化生态文明治理体制机制创新

坚持把培育生态文化作为重要支撑，把生态文明示范创建和培育绿色生活方式作为重要抓手，完善生态文明领域统筹协调机制，深入推进生态文明共享共建，促进生态文明建设与经济建设、政治建设、文化建设和社会建设深度融合互动，推进生态文明领域治理体系和治理能力现代化。

**大力弘扬特色生态文化。**设立生态文明研究中心和生态文明干部学院，抢救性发掘和保护一批具有生态内涵的历史文化遗存，围绕“黄河、长城、太行”三大板块，凝练人与自然和谐共生的三晋生态文化，打造地域生态文化精神标识，建设国家级生态文明教育培训基地。提升公众生态文明意识，开展生态文明建设宣传报道，普及生态文明知识，将生态文明纳入国民教育体系和党政领导干部培训体系，不断丰富生态文明宣传教育形式，加大生态环境公益广告宣传力度。提高生态文明公众参与度，积极动员各群团组织开展生态文明公益活动，畅通生态环境监督渠道，提高人民群众参与度，建立重大环境事件舆情快速响应机制。

**着力践行生态文明理念。**深化生态文明示范建设，编制实施美丽山西建设规划纲要，深入组织开展系列创建活动和美丽乡村试点建设，持续推进生态文明建设示范区创建工作，积极开展“绿水青山就是金山银山”实践创新基地建设，紧紧围绕“保护黄河”生态修复和治理、“美丽山西”建设、“锦绣太原城”建设三大工程，试点先行，示范引领，打造运城市河津市、临汾市安泽县、太原市万柏林区等示范区。大力发展绿色建筑，城镇新建建筑全部按照绿色建筑标准进行设计，大力发展装配式建筑，推动新建公共建筑优先采用钢结构，积极推进农村建筑节能。推行绿色出行，完善城市交通系统，加快太原都市圈轨道交通建设，加强重点城市群公共交通和自行车道、步行道等慢行交通系统建设

·特别关注·

**晋城深化林业林场改革**

晋城市统筹推进山水林田湖草沙系统治理，坚持科技兴林、依法治林，创新体制机制，选树试点标杆，力促林权流转机制顺畅、林业效益逐步提升、森林资源稳步增长。创新集体林地“三权分置”运行机制，鼓励各类社会主体依法依规通过转包、租赁、入股、合作等形式参与集体林权流转。创新林地基准价使用机制，探索“林票制”改革。创新林地占补平衡和森林覆盖率横向补偿机制，创新林业提质增效机制。

管理，加快充电基础设施建设。倡导绿色消费，完善节能家电、高效照明产品、节水器具等绿色产品推广机制，制定绿色消费指南，深入开展餐饮行业“光盘”行动。在餐饮、电商、快递、外卖等领域落实绿色规范标准。

**构建现代环境治理体系。**健全环境治理领导责任体系，充分发挥省市县乡四级生态环境保护委员会作用，形成齐抓共管“大生态、大环保”工作格局，完善生态环境保护督察制度和机制，强化生态文明建设目标评价考核结果应用，引导形成落实生态优先、绿色发展的政绩导向，完善领导干部自然资源资产离任审计制度。继续深化河湖长制改革，完善河湖长制考核制度。大力推行林长制，构建省市县乡村五级林长管理体系和森林资源保护发展责任体系。全面实行排污许可制，推动重点行业环境影响评价、排污许可、监管执法全闭环管理，开展排污许可专项执法检查，健全环境治理信用体系，完善企业环保信用评价制度。全面推动水源、水权、水利、水工、水务“五

·特别关注·

**阳曲创新义务造林模式**

太原市阳曲县采取“互联网+全民义务植树”模式，创新全民义务植树，解决当前全民义务植树“无地植树”和“无时尽责”两大问题。公众用手机搜索打开“阳曲县全民义务植树网”完成义务植树捐资尽责流程后，中国绿化基金会将来自社会各界的捐款统筹安排，按照网上公示项目，委托具有资质的第三方营造单位植树造林，将看似虚幻的“互联网+全民义务植树”变成现实。

水综改”，完善政府与市场协调发力的水治理机制。深化林权制度改革，加快推进集体林权流转交易，推进草原承包经营制度改革，完善造林绿化机制，创新市县与林场合作造林机制。

## 二、完善国土空间规划和用途管控

国土是生态文明建设的空间载体，要按照人口资源环境相均衡、经济社会生态效益相统一的原则，整体谋划国土空间开发，科学布局生产空间、生活空间、生态空间，给自然留下更多修复空间。

### 贯彻落实“三区三线”“三线一单”制度

山西立足“国家资源型经济转型综改试验区”“能源革命综合改革试点”等重大战略和筑牢黄河中游生态屏障等生态环境保护定位，结合区域社会经济发展和资源环境面临的战略性问题，以重点区域、流域环境质量明显改善为目标，合理划定城镇、农业、生态空间范围，编制“三线一

·知识链接·

三区三线：“三区”是指城镇空间、农业空间、生态空间三种类型的国土空间。“三线”分别对应在城镇空间、农业空间、生态空间划定的城镇开发边界、永久基本农田、生态保护红线三条控制线。

单”，助力优化区域开发与保护格局，协同推进经济高质量发展和生态环境高水平保护。

**科学布局生产空间、生活空间、生态空间。**充分发挥生态环境保护刚性约束作用，强化生态环境分区管控，落实生态保护红线、环境质量底线、资源利用上线和生态环境准入清单硬性要求，坚决遏制“两高”项目盲目发展，推动污染防治和碳减排向更加注重源头预防、源头治理转变。

**提高保障发展力度。**国土空间规划和管控工作积极贯彻落实国家和省重大战略布局，在全国第二家公示省级规划初步成果。统筹生态安全与发展需求，历史性地解决了生态保护红线与矿业权、永久基本农田、城镇开发边界等之间的矛盾。坚持问计于民，鼓励党员干部、公职人员广泛参与村庄规划编制。积极构建“地等项目”工作模式，用活用好规划、计划、占补平衡、流量等指标，“十三五”期间，全省批准建设用地59.8万亩，高效保障重大项目用地需求。

**深化矿产资源管理体制改革。**深化能源革命试点任务，在全国率先终结煤层气矿业权无偿取得历史，主动争取国家政策支持，山西成为全国唯一同意开展煤铝共采的省份。全力支持煤矿减量重组，有效破解矿权重叠等历史遗留问题。部署找矿突破战略行动，14个项目入选自然资源部优秀找矿成果，天镇县—阳高县一带地热资源调查探获高温地热流体，天镇重点勘查区域找矿有望取得重大突破。自然资源部正式批准山西矿业城市自然资源调查监测与保护重点实验室，为山西自然资源系统首个部级重点实验室。

**健全完善要素保障机制。**主动对接乡村振兴战略规划，统筹划定落实三条控制线，构建“能用、管用、好用”的国土空间规划体系。完善土地指标使用管理，促进节约集约高效利用。继续优化矿产资源开发利用布局，深化能源革命试点，推进碳达峰山西行动，加快煤层气增储上产，加强公益性地质勘查。健全矿山生态修复和监管机制，探索建立露天矿山用地机制。不断加强自然资源执法督察，全方位落实“严起来”的重大要求，完善省级督察、联合执法、提级监管、挂牌督办等工作机制，提升卫星、遥感、视频等科技监管效能，推进执法监管长效常治。巩固拓展自然资源改革成果。深化“三块地”改革，为乡村振兴蓄势赋能。推动“三网两同一地”改革，优化升级营商环境。努力夯实自然资源管理基础，抓

·知识链接·

“三块地”改革：农村土地征收、集体经营性建设用地入市、宅基地制度改革。

·知识链接·

“三网两同一地”改革：三网指的是网上审批、网上交易、网上办证，两同指的是房证同交、地证同交，一地指的是标准地改革。

好自然资源领域平安创建，全力维护人民群众生命财产安全。推进基础管理信息化和数字化转型，全面推进治理体系和治理能力现代化。

## 强化自然保护区建设

自然保护区是生态文明建设的重要载体。山西从20世纪80年代开始加强自然保护地建设，逐步构建以国家公园为主体的自然保护地管理体系，通过监测动植物种群、栖息环境等变化，加大科技研究，在科学的基础上保护好保护地，扩展其外延和内涵。山西的保护地涵盖了在山西的所有国家Ⅰ、Ⅱ级重点保护动物的栖息地、越冬地和主要迁徙停歇地，85%的陆生野生动植物得到有效保护。

山西省坚持绿色发展，生物多样性保护工作成效显著。截至2021年10月，自然保护地面积占国土面积的11.2%，共有省级以上自然保护地272个，9个国有林局125个国有林场，46个自然保护区，83个森林公园，63个湿地公园。森林、草原、湿地和荒漠四大生态系统功能显现，以国家公园为主体的自然保护地体系正在形成。

## 加强生物多样性保护

·特别关注·

**华北豹在山西情况**

华北豹是我国独有的金钱豹亚种，是生态系统中的顶级捕食者，可起到调节种群数量、稳定生态系统、维护生态平衡的特殊作用。山西是华北豹分布范围最广、数量最多的省份，已建成华北豹栖息地研究院士工作站，布设红外相机2500多台，自2020年起，实施了华北豹调查监测、栖息地保护恢复、生态廊道建设等示范工程项目。霍山省级自然保护区布设的红外相机，首次观测到4只华北豹同框活动的画面。这标志着当地生态系统的完整稳定和生物多样性的高度丰富。

山西现有野生植物2743种，其中国家一级重点保护野生植物1种（南方红豆杉）、国家二级重点保护野生植物5种（连香树、翅果油树、水曲柳、紫椴、野大豆），中国特有属植物17科22属22种。现有陆栖脊椎野生动物541种，属于国家重点保护的珍稀动物110种，国家一级保

随着生态不断优化，太行山国有林管理局铁桥山省级自然保护区华北豹聚集地的华北豹种群正在逐步扩大。

在长治市沁源县灵空山深处拍摄到的成群褐马鸡。褐马鸡是中国特产珍稀鸟类，国家一级保护动物，被称为“鸟中宝石”。

·特别关注·

**混沟原始森林生物多样性保护成效显著**

位于历山国家级自然保护区内的混沟原始森林，被誉为华北地区的“物种基因库”。多年来，得益于山西不断创新自然保护工作机制，持续加大保护力度，混沟的森林生态系统保持稳定，生物多样性指数达到了1.84，林内空气达Ⅰ级质量标准，比保护区外的森林生态系统提高了约20%。混沟完整的原始森林自然更替，为山西科学修复生态、高质量推进生态文明建设提供了自然样板和决策支撑。

护野生动物25种。其中珍稀濒危物种褐马鸡、黑鹳、华北豹、原麝为山西四大旗舰物种。

下一步，山西将围绕维护生物多样性的要求，全面提升自然保护地管理水平。积极推进建立以国家公园为主体的自然保护地管理体

太原汾河景区南内环桥附近，两只白鹭在橡胶坝上追逐嬉戏。

系，加快推动太行（中条山）国家公园设立前期工作，进一步建立健全统一高效的保护、执法、监督、管理体制机制，有效保护生物多样性，助力提升人与自然和谐共生现代化水平。

## 三、健全生态产品价值实现机制

良好的生态蕴含着无穷的经济价值，能够源源不断创造综合效益，助力经济社会的可持续发展。2022年

5月，山西出台《关于建立健全生态产品价值实现机制的实施意见》，指出要按照全方位推动高质量发展的目标要求，以建设黄河流域生态保护和高质量发展重要实验区为牵引，以体制机制改革创新为核心。坚持保护优先、合理利用，统筹推进产业生态化和生态产业化。加快完善政府主导、企业和社会各界参与、市场化运作、可持续的生态产品价值实现路径，引导形成以绿色为底色的发展方式和经济结构，提升生态产品供给能力和水平，构建绿水青山转化为金山银山的政策体系，努力闯出一条北方生态脆弱地区绿色发展新路子。

### 建立生态产品调查监测机制

**有序推进确权登记。**有序推进全省自然资源统一确权登记工作，逐步摸清全省自然资源家底，清晰界定自然资源的产权主体，划清全民所有和集体所有之间的边界，划清全民所有、不同层级政府行使所有权的边界，划清不同集体所有者、不同类型自然资源的边界。

**全面开展信息普查。**以自然资源调查监测体系为主体，加强森林等生态资源调查能力建设，摸清各类生态资源和产品数量、质量等底数，形成生态产品清单。以生态环境监测体系为基础，不断扩大和提高大气、地表水、土壤等监测范围和能力，定期开展生态状况评估，实时公开相关自动监测数据，定期向社会公布生态环境信息。

**安全共享信息数据。**探索建立统一数据标准、统一平台监测、统一查询入口的省市县三级共享数据平台，整合不同生态资源和生态产品分布、数量、质量、产权、保护和开发利用情况等数据资源，打通生态资源和生态产品数据互联互通“最后一公里”。在确保个人隐私和数据安全的前提下，探索拓展大数据应用场景。

## 建立生态产品价值评价机制

**探索建立评价体系。**探索构建行政区域单元生态产品总值和特定地域单元生态产品价值评价体系。建立覆盖各级行政区域的生态产品总值统计制度。探索将生态产品价值核算基础数据纳入国民经济核算体系。根据不同类型生态产品商品属性，建立反映生态产品保护和开发成本的价值核算方法，探索建立体现市场供需关系的生态产品价格形成机制。

**探索开展价值核算。**根据国家《生态产品总值核算规范(试行)》，开展以实物量为重点的生态价值核算，通过市场交易、经济补偿等手段，探索不同类型、不同地域生态产品经济价值核算方法和调节系数，推进生态产品价值核算标准化。探索经济生态生产总值(GEEP)核算体系。

**广泛应用核算结果。**推进生态产品价值核算结果在政府决策和绩效考核评价中的应用。探索在编制各类规划和实施工程项目建设时，对生态产品实物量和价值核算结果采取必要的补偿措施，确保生态产品保值增值。推动生态产品价值核算结果在生态保护补偿、生态环境损害赔偿、经营开发融资、生态资源权益交易等方面的应用。建立生态产品价值核算结果发布制度，培育并依托区域性第三方评估机构，适时评估各地生态保护成效和生态产品价值。

### 健全生态产品经营开发机制

**做大做强优势农林产业。**打好特色优势牌，带动农林业高质高效、乡村宜居宜业、农民富裕富足。稳定粮食种植面积和产量，大力发展设施农业。持续推进“南果中粮北肉东药材西干果”五大平台建设，持续壮大农产品精深加工十大产业集群，全产业链发展现代特色农业。在保护好森林生态系统和森林资源的前提下，鼓励各地因地制宜、规范适度发展经济林果产业和林下经济

大同市新荣区芦家窑村中药材种植基地黄芪喜获丰收。

产业，打造一批示范基地。加强农林业种质资源保护与利用，建设优质种业基地。加强中药材标准化基地建设，鼓励优势中医药企业建立稳定的药材供应基地。

**融合壮大生态旅游产业**。加快创建全省域国家全域旅游示范区。依托气候、山地等优势生态资源，推动云中河、云竹湖等休闲旅游度假综合体建设，率先创建生态旅游示范区。根据资源禀赋等乡村特色，打造一批特色文化古村落、乡村民宿度假区。发展康养旅游、森林旅游、低空旅游、冰雪旅游、湿地生态观鸟游、徒步穿越游等新业态。创新发展工业旅游，引导企业加强废弃矿山、工业遗址等保护与开发利用，打造体验性强、影响力大的工业旅游示范基地。

**推进绿色制造产业发展。**拓展延伸生态产品产业链和价值链。适度发展数字经济等环境敏感型产业。加大绿色制造项目建设，持续开展绿色工厂和绿色工业园区创建活动，加大绿色产品培育力度，打造绿色供应链。积极推行绿色设计，在产品设计开发阶段系统考虑原材料选用、生产等各个环节对资源环境造成的影响，实现产品对能源资源消耗最低化、生态环境影响最小化、可再生率最大化。

**扎实推进“两山七河一流域”生态修复治理。**统筹山水林田湖草沙一体化保护修复，提升生态系统质量和稳定性。深入抓好丘陵沟壑区水土流失综合治理，持续开展国土绿化行动，筑牢太行山、吕梁山绿色生态屏障，森林覆盖率稳步提高。推进矿山生态修复治理，加强生物多样性保护，加快构建以国家公园为主体的自然保护地体系。深入实施汾河等七河及湖泊、大泉、湿地生态保护修复，重点推进黄河流域堤防建设、水库除险加固、河道整治、滩区治理等重大工程。

**促进生态产品价值增值。**做好生态产品认证宣传工作，支持具备条件的认证机构开展生态产品认证，提升供给能力和服务水平。完善生态产品质量追溯机制，健全生态产品交易流通全过程监督体系，推进区块链等新技术应用，实现生态产品信息可查询、质量可追溯、责任可追查。鼓励将生态环境保护修复与生态产品经营开发权益挂钩，在保障生态效益和依法依规前提下，允许利用一定比例的土地发展生态农业、生态旅游获取收益。鼓励实行农民入股分红模式，保障参与生态产品经营开发的村民的利益。对开展生态产品价值实现机制探

山西大力发展有机农业，图为全国有机农业专家在大同市有机产品中央厨房进行观摩。

索的地区，鼓励采取多种措施，加大基础设施和基本公共服务设施建设的支持力度。

**推进生态产品供需精准对接。**依托中国(山西)特色农产品交易博览会、山西省旅游发展大会等推介博览会，组织开展生态产品线上云交易、云招商，推进生态产品供给方与需求方、资源方与投资方高效对接。通过新闻媒体和互联网等渠道，加大生态产品宣传推介力度，提升生态产品的社会关注度。加强和规范省内平台管理，发挥电商平台资源、渠道优势，推进更多优质生态产品以便捷的渠道和方式开展交易。

**推动生态资源权益交易。**积极参与全国碳市场、用能权交易，探索碳汇交易试点。探索开展县域间林草生态横向补偿试点，鼓励重点开发区域与限制和禁止开发区域开展绿化增量责任、清水增量责任、森林覆盖率等指标交易。健全排污权有偿使用制度，依托“山西省排污权交易平台”，推进覆盖全省域、全种类污染物交易工作。探索在黄河、海河等重点流域创新完善水权交易机制，开展桑干河水权绿色金融试点。

### 健全生态产品保护补偿机制

完善纵向生态保护补偿制度。推动符合条件的重点领域和重点区域纳入国家级重点生态试点、示范范围。建立和完善各级财政生态保护补偿资金投入机制，继续完善省以下转移支付制度，完善《省对县级生态转移支付办法》，逐步加大省对县级生态转移支付力度。完善资金分配和激励约束机制。落实资源有偿使用收入征收管理办法。健全各类自然保护地及重要水源地等禁止开发区域的生态保护补偿政策。拓宽生态保护补偿资金渠道。对主要提供生态产品地区的居民实施生态补偿。

**建立横向生态保护补偿机制。**鼓励生态产品供给地和受益地、流域下游与上游自愿协商建立横向补偿关系。在省域内重点河流探索开展横向生态保护补偿试点，探索建立流域上游地区与下游地区有效的协商平台和补偿机制。开展“两山七河一流域”横向生态保护补偿试点，探索相关市县对口协作、产业转移、人才培训、共建园区等新型补偿方式。

**健全生态环境损害赔偿制度。**加强生态环境损害行政执法与司法衔接。持续推进《山西省生态环境损害赔偿制度改革实施方案》落实，由易到难、稳妥有序开展生态环境损害赔偿制度改革工作。完善污水、垃圾处理收费机制，合理制定和调整收费标准。开展生态环境损害评估，健全生态环境损害鉴定评估方法和实施机制。设立重大生态破坏举报奖励资金，给予依法实名举报环境违法行为的人奖励。

### 健全生态产品价值实现保障机制

**建立生态产品价值考核机制**。完善《山西省高质量发展综合绩效评价指标体系》，适当提升绿色发展重点指标的权重，推动在以提供生态产品为主的重点生态功能区取消经济发展类指标考核，重点考核生态产品供给能力、环境质量提升、生态保护成效等方面指标；适时对其他主体功能区实行经济发展和生态产品价值“双考核”。推动将生态产品价值核算结果作为领导干部自然资源资产离任审计的重要参考。对任期内造成生态产品总值严重下降的，依规依纪依法追究有关党政领导干部责任。

**建立生态环境保护利益导向机制**。探索构建覆盖企业、社会组织和个人的生态积分体系，依据生态环境保护贡献赋予相应积分，并根据积分情况提供生态产品优惠服务和金融服务。引导各级建立多元化资金投入机制，鼓励社会组织建立生态公益基金，合力推进生态产品价值实现。严格执行《中华人民共和国环境保护税法》，按照国家统一部署，深入推进资源税改革。依法合规规范用地供给，支持服务生态产品可持续经营开发。

**加大绿色金融支持力度**。鼓励依法依规开展绿色信贷业务，探索“生态资产权益抵押+项目贷”模式，支持区域内生态环境提升及绿色产业发展。探索开展金融产品创新，用于古屋拯救改造及乡村休闲旅游开发等。鼓励银行机构按照市场化、法治化原则，创新金融产品和服务，加大对生态产品经营开发主体中长期贷款支持力度，提升金融服务质效。鼓励政府性融资担保机构为符合条件的生态产品经营开发主体提供融资担保服务。

·特别关注·

**山西办理首笔**
**碳排放配额质押贷款业务**

2021年9月3日，兴业银行太原分行与山西环境能源交易中心签署了绿色金融综合服务平台战略合作协议，办理全省首笔碳排放配额质押贷款业务。

山西昱光发电有限责任公司为山西大型热电联产企业，也是全省首批获准碳排放权交易企业之一。以该企业碳排放配额为质押，根据全国碳市场交易价格及企业自身生产经营情况等因素，综合为企业核定贷款额度1000万元，有效盘活了企业的碳排放配额资产，是碳金融支持碳达峰碳中和的有益探索和创新实践。

## 建立生态产品价值实现推进机制

**加强组织领导**。建立健全统筹协调机制，加大生态产品价值实现工作推进力度。制定完善相关配套政策制度，形成协同推进生态产品价值实现的整体合力。充分认识建立健全生态产品价值实现机制的重要意义，采取有力措施，确保各项政策制度精准落实。

推进试点示范。按照“允许试错、及时纠错、宽容失败”的原则，开展政策制度创新试验，调动改革积极性，统筹抓好试点示范工作，深入开展生态产品价值实现机制试点，重点在生态产品价值核算、供需精准对接等方面开展实践探索。打造一批生态产品价值实现机制示范基地。及时总结成功经验，加强宣传推广，积极向公众和社会推介生态产品价值实现典型案例。

强化智力支撑。各级各部门要依托高校、科研机构、行业协会等社会组织，加强对生态产品价值实现机制改革创新的研究，培育区域性生态产品价值实现第三方评估机构。支持高校强化相关专业建设和人才培养。探索组建生态产品价值实现机制研究中心，打造提供决策支撑、推动交流合作的平台。

推动督促落实。将生态产品价值实现工作推进情况作为评价党政领导班子和有关领导干部的重要参考。推动修改制定与生态产品价值实现相关的法规政策。

## 四、健全法治监督体系

为强化环保、安全等标准的硬约束，对不符合环境标准的企业严格执法，山西组织修订与环境保护有关的法律法规，在环境保护、环境监管、环境执法上添硬招，见实效。

### 加快推进生态环保立法

山西完善生态文明地方法规及标准体系，强化法规和政策保障，全面启动“两山七河一流域”生态环境保护、绿色低碳生产生活等立法，聚焦全省生态环境领域重点焦点问题，开展“小切口”精细化立法。

修订《山西省生态文明建设促进条例》，出台《关于进一步加强草原禁牧休牧轮牧工作的指导意见》《关于加强草原保护修复的实施意见》，在黄河流域生态治理区、黄河一级支流主干和分支流域实施封山禁牧，沿黄四市均完成了禁牧立法工作。

实施生态文明建设领域三年立法计划，湿地、泉域、湖泊保护立法取得新成果，沁河流域市市协同立法开创先河，其他流域协同立法稳步推进，齐心协力守护表里山河。

修订水土保持法实施办法、森林法实施办法、森林公园条例、永久性生态公益林保护条例，织密绿色生产生活法治网。

制定《山西省汾河保护条例》，加强汾河流域生态保护和修复，使汾河水量丰起来、水质好起来、风光美起来，全方位推动高质量发展。

制定禁止不可降解一次性塑料制品规定，增强公众对塑料污染治理工作的认同和支持。

### 加大执法监督力度

不断加强执法队伍建设，努力提升执法效能，推动生态环境执法工作融入了主战场。

围绕五类典型环境违法行为，加大行政处罚力度，有效遏制偷排偷放、超标排放等突出生态环境违法频发态势。

开展“铁腕斩污”“百日清零”及蓝天保卫战决战秋冬防大排查大整治大提升等系列专项行动，形成执法上下联动、协同作战的良好局面，集中解决了一批突出生态环境问题。

加强移动执法系统建设、管理和应用，2022年底前实现全省移动执法系统全覆盖、全使用、全联网，将现

·特别关注·

**宣传水法规，为母亲河筑牢生态法治屏障**

2022年6月17日，汾河流域涉水行政执法司法协作宣传活动在太原举行。面向社会大力宣传水法规，进一步与人民法院等司法机关加强联合，同题共答，同频共振，依法、全面、及时查处水事违法行为，让汾河真正成为三晋人民的幸福河。

为确保汾河生态修复与保护工作有效推进，山西不断提升执法水平，全面加强流域法治监管，连续三年组织开展“治水监管百日行动”，聚焦薄弱环节，开展河湖“四不两直”暗访检查，从法制、体制、机制入手，找问题、查不足。将河湖长制纳入对各市年度目标考核任务，采取通知、函告、约谈、挂牌督办等方式，及时督促河湖长履职尽责、按期整改。各有关市县水利部门全面推行行政执法“三项制度”，全面提高汾河流域河湖执法整体水平，河道“四乱”违法违规行为得到明显遏制，逐步构建“案件审理+司法宣传+生态修复+综合治理”全方位司法保护体系，为母亲河筑牢生态法治屏障。

场执法和处理处罚的全过程纳入系统留痕管理，实现阳光执法。

推进移动执法系统与行政处罚、排污许可、在线监控等信息系统互享共通。提升现场执法精准化、智能化水平，加大无人机、走航车以及卫星遥感等科技手段的应用力度，逐步将非现场监管作为日常监督执法的重要方式。

积极开展全省生态环境保护综合行政执法机构标准化、规范化创建工作。推动全省生态环境保护综合行政执法机构规范化、装备现代化、队伍专业化、管理制度化、执法信息化建设，实现“一年打基础、两年上台阶、三年争先进”的奋斗目标，明确了规范机构设置、管理制度建设、执法装备建设、执法效能提升、履职尽责保障体系建设、执法信息化建设6个方面37项具体工作任务。

开展“利剑斩污”专项行动，充分发挥公安机关打击违法犯罪主力军作用，依托公安大数据平台，拓展违法犯罪线索来源渠道，依法严厉打击各类破坏生态环境违法犯罪，坚持打击非法与保护合法并重，加强刑事司法与行政执法相互衔接。

### 完善司法监督

司法监督是法治监督的重要环节和最后一道关口。山西积极完善司法监督，为生态文明建设提供了有力的司法保障，以司法护佑绿水青山。

**健全生态环境司法联动和损害赔偿机制。**推动检察机关生态环境公益诉讼工作，在西山生态文化旅游示范区设立首个生态检察室，打通了生态环境与司法保护衔接的“最后一公里”，加大对生态环境违法犯罪行为的制裁和惩处力度。完善生态环境损害鉴定评估、索赔磋商和修复监督等实施细则。推动生态环境公益诉讼制度与行政处罚、刑事司法及生态环境损害赔偿等制度有效衔接。探索建立生态环境司法鉴定费用保障机制，尝试建立公安机关办理生态环境违法犯罪案件鉴定评估费用追偿制度。

·特别关注·

**运城强化生态环境监督执法**

运城构建大环保格局，健全体制机制，生态环境治理水平稳步提升，实现了市、县、乡三级生态环境保护委员会全覆盖，生态环境保护工作开展有了平台和抓手，还出台了生态环境保护责任清单，明确了44个部门的生态环境保护工作职责。严厉查处生态环境违法行为，制定出台年度生态环境保护执法工作计划。采取“双随机”方式抽取排污单位，加大立案处罚力度。扎实开展全市严厉打击危险废物环境违法犯罪和重点排污单位自动监测数据弄虚作假违法犯罪“利剑斩污”专项行动。开展黄河流域运城段固体废物倾倒及涉水企业生态环境问题排查整治，严厉打击生态环境违法行为。

**持续完善环境资源审判专门机构体系。**山西省高级人民法院与11个中院全部成立环境资源审判庭，117家基层法院全部设立环境资源审判团队，实行环境资源刑事、民事、行政案件“三合一”审理模式，实现了环境资源审判机构全覆盖、环境资源案件专门化审理。

**设立专业环资法庭。**在运城市万荣县、大同市浑源县设立两个专业环资法庭，在黄河万家寨库区设立生态保护巡回法庭，全面提升生态环境司法法治化、专业化保障水平，先后在汾河入黄口、北岳恒山之麓、运城黄河湿地、汾河源头建立生态环境司法保护基地，打造集生态司法保护、生态法治教育、生态理念宣传、生态文化推广于一体的保护平台，探索建立“恢复性司法实践+社会化综合治理”审判结果执行机制。

**建立全省环资审判工作平台**。山西省高级人民法院出台《关于加强环境资源审判工作的意见》，与省公安厅、检察院、生态环境厅、自然资源厅、水利厅、林草局和山西黄河河务局等部门建立环境司法与行政执法衔接机制。

一朝春夏改，隔夜鸟花迁。六月的三晋大地，到处呈现出一派碧波荡漾、远山如黛，天空澄净、纤云不染的美丽景象。2021年，山西获得国家生态文明建设示范荣誉的县区数量为历年新高，目前已有右玉、芮城、沁源、沁水、蒲县、阳城、安泽、平顺8县先后被命名为国家生态文明建设示范区，右玉、沁源、沁水、蒲县还被命名为“绿水青山就是金山银山”实践创新基地。奋力建设人与自然和谐共生的现代化，我们就一定能够用绿色扮靓三晋大地，唱响新时代“山西好风光”。

# 后　记

习近平总书记指出，要不断推出群众喜闻乐见、贴近大众生活的形式多样的理论宣传作品，让理论为亿万人民所了解所接受，画出最大的思想同心圆。讲人民群众听得懂、听得进的话语，让党的创新理论“飞入寻常百姓家”。

凡贵通者，贵其能用之也。省委宣传部组织编撰《山西全方位推动高质量发展面对面》通俗理论读物系列丛书，是学习贯彻习近平总书记考察调研山西重要指示精神，推动党的创新理论普及化、大众化，帮助广大干部群众深入领会省委“全方位推动高质量发展”目标要求、准确把握我省“六个领域”“三个体系”工作矩阵的重要举措。

丛书编撰工作得到省委书记林武同志的关心支持，并列入2022年全省宣传思想工作要点，作为宣传思想工作矩阵的重要内容。省委宣传部组织我省理论功底深、政策水平高、文字能力强的党政干部及专家学者，组成撰稿团队，全力以赴、倾情付出。各市委宣传部积极响应、认真落实。山西日报社、山西广播电视台等单位为丛书编写提供相关资料。山西人民出版社尽锐出战、集中攻关。各单位各部门密切配合、通力协作，展现了宣传思想文化战线在全方位推动高质量发展中的使命担当。

丛书于2021年12月开始策划，撰稿团队持续跟进学习最新政策、及时关注研究鲜活实践，提纲几经修改、书稿反复打磨，九易其稿、精益求精。其间，克服疫情影响，分头撰写和集体统稿相结合、视频会议和集中研讨相结合，保证撰稿任务按计划高质量推进。基本成稿后，还邀请省委统战部、省委政研室、省直工委、省生态环境厅、省委党校、省社科院、省社科联等单位领导干部和专家学者对丛书进行审读，提出修改意见。经过不懈努力、日夜奋战，6册书稿于2022年7月1日、党的101周年华诞基本定稿。其后，经进一步修改完善，得以顺利付梓。

我们对省委“全方位推动高质量发展”目标要求和工作矩阵的学习贯彻还在不断深化中，有些论述还未能在丛书中深入展开。全省广大干部群众全方位推动高质量发展的壮阔实践还在不断推进中，丛书选取的资料也还不够全面。这些不足之处，敬请广大读者批评指正。我们将在今后的通俗理论读物编写工作中继续探索，不断提高。

丛书编委会

2022年7月